AF389091

PRÉFACE.

En publiant aujourd'hui une nouvelle édition des *Éléments de Géographie moderne* de feu M. Lamp, j'ai cherché à y introduire les changements que les progrès de la science, les découvertes récentes et les derniers événemēnts politiques ont rendus nécessaires. La géographie physique dont l'importance est de plus en plus reconnue, a semblé réclamer plus de détails dans la description des différentes parties du globe. J'ai cru devoir adopter l'usage des géographes français de séparer l'Archipel indien d'avec l'Asie et de le joindre à l'Océanie, pour faire cesser autant que possible la disproportion qu'on remarquait entre ces deux parties du monde, quant à la superficie et à la population. J'ose espérer que dans cette nouvelle édition l'ouvrage de M. Lamp n'aura rien perdu de son utilité.

W. SCHWEIGHÆUSER,
professeur au Gymnase de Strasbourg.

ÉLÉMENTS

DE

GÉOGRAPHIE MODERNE.

NOTIONS PRÉLIMINAIRES.

De la forme et du mouvement de la terre.

Lᴀ *Géographie* est la description de la surface de la terre. La forme de la terre est ronde. Plusieurs preuves établissent ce fait ; entre autres l'ombre ronde de la terre projetée sur la lune dans les éclipses de lune ; les voyages autour du monde, dont le retour s'effectue par le côté opposé à celui d'où l'on est parti ; enfin la forme sous laquelle des objets éloignés, tels que des montagnes, des tours, des vaisseaux se présentent à nos yeux, suivant que nous nous en approchons ou que nous nous en éloignons. Les chaînes de montagnes dont la terre est hérissée, sont, eu égard à l'ensemble du globe, des inégalités à peine aussi sensibles que les rugosités de l'écorce d'une orange.

La terre est une *planète*, c.-à-d. une étoile tournant régulièrement autour du soleil ; elle est un corps *opaque* qui reçoit, ainsi que les autres planètes, la lumière et la chaleur du *soleil*, qui est un million et 400,000 fois plus grand que notre terre, et qui en est éloigné d'environ 34 millions de lieues de France. *) La circonfé-

---

*) Une lieue commune de France a 4,450 mètres ou 2,280 toises ; un mille ou une lieue géographique a 3,811 toises.

rence de la terre est de 9,000 lieues de France, ou de 5,400 lieues géographiques. La terre a un double mouvement, l'un sur elle-même et l'autre autour du soleil. Elle se tourne sur elle-même d'occident en orient, dans l'espace d'un jour ou de 24 heures, et accompagnée de la lune, elle parcourt son orbite autour du soleil, dans l'espace d'une année ou de 365 jours 6 heures, moins 11 minutes. Le premier mouvement produit l'alternative du jour et de la nuit. La partie de la terre qui se trouve tournée vers le soleil, a jour, et la moitié opposée qui est dans l'ombre, a nuit.

La ligne droite qu'on suppose passer par le centre du globe et sur laquelle la terre se tourne en 24 heures comme une roue autour de son essieu, est appelée *axe de la terre*. Les deux extrémités de cette axe portent le nom de *pôles*. Celui du nord est nommé *pôle arctique* ou *boréal*, et celui du sud, *pôle antarctique* ou *austral*.

L'axe de la terre est inclinée sur l'orbite qu'elle parcourt annuellement autour du soleil. Cette position oblique de l'axe de la terre, qui est toujours la même, amène pendant l'année, les changements des saisons et l'inégalité des jours et des nuits.

Pour indiquer la position des différents lieux de la terre les uns à l'égard des autres, on distingue à l'*horizon*, (partie circulaire de la surface de la terre, et qui paraît toucher au ciel), quatre *points cardinaux* ou *régions du monde*, qui sont : l'*Orient* ou l'*Est*, vers le côté où le soleil se lève ; l'*Occident* ou l'*Ouest*, vers le point où il se couche ; le *Septentrion* ou le *Nord*, du côté du pôle arctique : le *Midi* ou le *Sud*, du côté du pôle antarctique. Entre ces quatre points principaux, qu'on désigne ordinairement par les lettres E. O. S. N., sont le Nord-Est (N E.) ; le Nord-Ouest (N.O.) ; le Sud-Est (S.E.) et le Sud-Ouest (S.O.). Pour s'orienter, c'est-à-dire pour reconnaître l'orient et les autres points cardinaux du lieu où l'on se trouve, il suffit de se tourner en face de l'endroit où le soleil se lève; on a devant soi l'orient, derrière soi le couchant, à droite le sud et à gauche le nord. Sur les cartes géographiques le haut répond communément au N., le bas au S., le côté droit à l'orient et le gauche à l'occident.

Des cercles du globe.

Comme la terre a une forme ronde, on lui donne le nom de *globe terrestre* ou simplement de *globe*, *) et on la représente par une boule que l'on appelle *globe artificiel*. On y dessine les principales parties de la terre, avec les mers qui les environnent. On y trace aussi des cercles qui n'existent pas réellement sur la terre, mais qui sont nécessaires pour mesurer les distances des lieux, et pour expliquer le mouvement des astres et de la terre. Le cercle qui entoure le globe, à égale distance des deux pôles, s'appelle *équateur*. Il est divisé, comme tous les autres cercles, en 360 parties égales qu'on appelle *degrés*, et dont chacun a 25 lieues de France ou 15 lieues géographiques. L'équateur s'appelle aussi *ligne équinoxiale*, des mots latins *æqua nox*, (nuit égale), parce qu'à l'époque où les rayons du soleil tombent verticalement sur ce cercle, le jour est égal à la nuit par toute la terre, ce qui arrive deux fois l'an, le 21 Mars et le 22 Septembre. On appelle ces deux époques, *équinoxe du printemps* et *équinoxe de l'automne*. Les marins donnent ordinairement à l'équateur le nom de *ligne*. L'équateur partage le globe en deux parties égales ou hémisphères, dont l'un, du côté du pôle arctique, se nomme *hémisphère septentrional*, et l'autre *hémisphère méridional*.

---

*) Une carte qui représente la terre entière en deux hémisphères, ou deux moitiés de sphère, placées l'une à côté de l'autre, est appelée *mappe-monde* ou *planisphère*.

Les cercles qui coupent l'équateur et vont d'un pôle à l'autre, sont appelés *méridiens*, du mot latin *meridies* (midi); parce que pour tous les points situés sous le même méridien, il est midi au même instant. Chaque point de la surface de la terre a son méridien; le moment du *midi* varie d'après la position des lieux vers l'est ou l'ouest. Le méridien d'où l'on commence à compter les degrés de l'équateur, est appelé *premier méridien*. On prend ordinairement pour premier méridien, celui qui passe par l'île de Fer, la plus occidentale des Canaries; il divise le globe en deux hémisphères, l'un *oriental* et l'autre *occidental*. Les Français reconnaissent pour premier méridien, celui qui passe par l'observatoire de Paris. La position d'un lieu est déterminée par sa *latitude*, qui est la distance à laquelle il se trouve de l'équateur, vers le septentrion, ou vers le midi; et par sa *longitude*, qui est la distance dont il est éloigné du premier méridien. Ces distances se comptent par degrés; ceux qu'on marque ordinairement en haut et en bas sur les cartes, sont les degrés de longitude, et ceux qu'on indique des deux côtés sont les degrés de latitude.

Les *tropiques* sont deux cercles placés de chaque côté à une distance égale de $23\frac{1}{2}$ degrés de l'équateur. Celui de l'hémisphère septentrional se nomme *tropique du cancer*, et l'autre placé dans l'hémisphère méridional, *tropique du capricorne*. Les tropiques marquent la limite des contrées qui peuvent recevoir verticalement les rayons du soleil. L'époque où ces rayons perpendiculaires parvenus au tropique rétrogradent vers l'équateur s'appelle *solstice;* celui d'été est le 21 Juin, celui d'hiver le 21 Décembre. Les deux *cercles polaires* sont éloignés des pôles, autant que les tropiques le sont de l'équateur; l'un s'appelle *cercle polaire arctique*, l'autre *cercle polaire antarctique;* au-delà des cercles polaires la nuit ou le jour est au moins de 24 heures lors des solstices.

L'écliptique est l'orbite que le soleil semble parcourir dans l'espace d'un an. On la représente comme un grand cercle qui coupe l'équateur obliquement. Ce cercle est partagé en douze parties égales, qu'on appelle *signes* et qui forment le *Zodiaque*. Leurs noms sont: le *Bélier*, le *Taureau*, les *Gémeaux*, le *Cancer*, le *Lion*, la *Vierge*, la *Balance*, le *Scorpion*, le *Sagittaire*, le *Capricorne*, le *Verseau*, les *Poissons*.

On divise le globe en cinq parties que l'on appelle *zônes* ou bandes, dont chacune porte un nom qui indique la température de l'air. Celle du milieu qui se trouve entre les deux tropiques, est nommée *zône torride* ou *brûlante*; deux autres qui s'étendent depuis les tropiques jusqu'aux cercles polaires, s'appellent *zônes tempérées*; les deux dernières qui occupent l'espace compris entre les cercles polaires et les pôles, s'appellent *zônes froides* ou *glaciales*.

Aspect général de la terre.

La surface de la terre est couverte en grande partie par la *mer*; la *terre ferme* n'en occupe pas beaucoup plus que le quart. Les masses de terre d'une grande étendue s'appellent *continents*, celles d'une moindre dimension se nomment *îles*; elles sont entourées d'eau de tous les côtés; une *presqu'île* ou *péninsule* ne tient au continent que par un de ses côtés; une réunion d'îles est un *archipel*; un *isthme* est une portion de terre resserrée entre deux mers et qui joint ensemble deux îles ou continents.

La terre ferme présente des *plaines* qui s'appellent *plateaux* si elles sont considérablement élevées au-dessus de la mer, et des *montagnes* ordinairement réunies en *chaînes*; l'ensemble de plusieurs chaînes de montagnes partant d'un même centre est un *système*; les montagnes portent le nom de *cap* ou *promontoire* lorsqu'elles s'avancent dans la mer; une montagne peu élevée s'appelle *colline*; les enfoncements entre les cimes des montagnes se nomment *vallées*. Les *sources* naissent ordinairement dans les flancs des montagnes; elles se dirigent naturellement vers le fond des vallées et y forment en se réunissant des *ruisseaux* qui eux-mêmes par leur réunion forment des *rivières*; une grande rivière s'appelle *fleuve*; l'endroit où deux rivières se réunissent se nomme *confluent*; les *bras* sont des courants d'eau qui se détachent des rivières. Le cours des ruisseaux et des rivières est quelquefois interrompu par des chutes d'eau appelées *cascades*, et *cataractes* quand la masse d'eau est considérable. La *bouche* ou l'*embouchure* d'une rivière est l'endroit où elle se jette dans la mer ou dans une autre eau; on appelle *rives* les bords d'une rivière; la rive *droite* ou la *gauche* se marque par la droite ou la gauche d'une personne qui descend la rivière. Un *canal* est une voie d'eau creusée par les mains de l'homme. Les pays qui versent leurs eaux dans la même rivière ou le même fleuve forment le *bassin* de ce fleuve; chaque bassin est proprement une vallée plus ou moins vaste et aplatie, avec ses embranchements. Les bords de la mer s'appellent *côtes*.

Une mer d'une très-grande étendue est nommée *océan*; une *baie* est une portion de mer qui s'enfonce dans la terre; un *golfe* est une vaste baie; un *port* est une petite baie propre à offrir un asile sûr aux vaisseaux; la *rade* est un endroit près des côtes où les navires peuvent jeter l'ancre à l'abri des vents; un *détroit* est une partie de mer resserrée entre deux terres, et qui établit une communication entre deux mers. Un *lac* est une grande étendue d'eau qui ne communique pas immédiatement avec la mer et qui n'a pas de courant sensible; beaucoup de lacs sont traversés par des rivières.

Du climat et des productions de la terre.

On appelle *climat physique* le degré de froid ou de chaleur qui est dominant dans un pays. Chaque région du globe et pour ainsi dire chaque ville a son climat particulier; cependant on peut les rapporter tous à trois divisions générales: le climat *très-chaud* de la zône torride, le climat *tempéré* dans les *zônes tempérées* et le climat *très-froid* dans les zônes glaciales.

On appelle *productions*, tout ce que la terre produit. On les divise en trois classes d'après les règnes de la nature, qui sont 'le *règne animal*, le *règne végétal*, le *règne minéral*. La science qui fait connaitre ces productions est l'histoire naturelle. La géographie n'en nomme que les principales.

Quelques-unes de ces productions se trouvent indistinctement sur toute la surface du globe. Il en est d'autres, particulières à certains pays et qui ne dépassent pas certains climats. En général les pays chauds produisent les plantes les plus belles, les fruits les plus délicieux, les arbres les plus élevés, les oiseaux du plumage le plus éclatant, les animaux les plus grands et les plus féroces.

Les animaux qu'on rencontre dans presque tous les climats sont: le bœuf, la brebis, la chèvre, le cheval, le cochon, le chien, le chat, le renard, l'ours, le cerf etc. Il y en a d'autres qui n'habitent que les pays froids; tels sont l'ours blanc, le renne, l'élan etc. D'autres encore ne se trouvent que dans les climats chauds; comme l'éléphant, le chameau, le buffle, la giraffe, le rhinocéros, l'hippopotame, le lion, le tigre, le léopard, la panthère, le singe, l'autruche, le perroquet, les serpents les plus énormes etc. Le ver à soie et l'abeille ne peuvent vivre que sous des latitudes moyennes. Parmi les poissons qui se reproduisent avec une fécondité étonnante, on remarque surtout les harengs et les morues dans les mers septentrionales, où l'on trouve aussi la baleine.

Les régions polaires toujours couvertes de glace n'offrent que peu de traces de végétation. A mesure qu'on s'en éloigne on trouve d'abord des mousses et des arbustes, puis le bouleau, le sapin, ensuite les autres arbres forestiers, le blé depuis le 70.ᵉ degré; les arbres fruitiers, le chanvre, les légumes, le tabac, la garance, la navette, le maïs, le vin depuis le 50.ᵉ degré. Le riz, l'amandier, le figuier, l'olivier, l'oranger demandent un climat plus doux encore: le coton, le thé, la canne à sucre, le café, le cacao, le bananier, les épiceries, les cactiers, le dattier, le cocotier et toutes les autres espèces de palmiers ne viennent que dans les pays très-chauds.

La conformation du sol et son élévation exercent d'ailleurs une très-grande influence sur les végétaux. Ordinairement les montagnes présentent une végétation analogue à celle des plaines plus éloignées qu'elles de l'équateur.

Les minéraux sont distribués d'une manière semblable. Les métaux les plus précieux, tels que l'or, le platine et l'argent, ainsi que les pierreries les plus belles, ne se trouvent pour la plupart que dans les climats chauds; le fer, le cuivre, l'étain, le plomb, la houille etc. se trouvent de préférence dans les pays tempérés ou froids.

Des habitants de la terre.

Les principaux habitants de la terre sont les *hommes*. Ils peuvent vivre dans presque tous les climats. On évalue leur nombre à 800 millions. Mais il existe entre eux des différences très-sensibles par la *couleur de la peau* et *la constitution du corps*, par leur *manière de vivre* et par leurs *connaissances*.

On distingue dans la race humaine cinq variétés principales, par rapport à leur couleur; la race *caucasienne* a la peau plus ou moins blanche, la race *mongole* a la peau jaunâtre, la race *malaise* l'a basanée, la race *amé-*

ricaine cuivrée et la race *nègre* noire; cette dernière race se distingue encore par ses cheveux laineux, son nez retroussé et ses dents très-blanches. Les Patagons dans l'Amérique méridionale sont les plus grands de tous les hommes; les Lapons, les Samoyèdes et les Esquimaux dans l'extrême Nord, sont les plus petits.

Quant à la manière de vivre on divise les habitants de la terre en *peuples sauvages, peuples nomades* et *peuples civilisés*. Les peuples *sauvages* sont ceux qui ne prennent point de précautions pour s'assurer une nourriture constante. Ils ne vont la chercher que lorsqu'ils en sentent le besoin. Ils se nourrissent du produit de la chasse et de la pêche, de fruits et de racines. Leurs habitations sont les antres de la terre, les forêts ou de petites cabanes. Ils ne connaissent ni les arts ni les sciences. Les *peuples nomades* élèvent des troupeaux et se nourrissent de leur produit. Ils vivent sous des tentes, errant de pâturages en pâturages avec leurs troupeaux. Les *peuples civilisés* se livrent à l'agriculture, exercent des métiers et cultivent les arts, les lettres et les sciences. Ils vivent réunis dans des villes et des villages.

Une réunion d'hommes soumis aux mêmes lois et au même gouvernement forme un *état*. Ces gouvernements sont de différentes formes. Quand le pouvoir suprême est dans la main d'un seul, l'état prend le nom de *monarchie*, et le chef ou le souverain celui d'*empereur*, de *roi*, de *duc* etc. Il n'y a que les empereurs et les rois qui aient le titre de *monarque*. La monarchie est *absolue*, quand le pouvoir suprême est tout entier confié à une seule personne; elle est *constitutionnelle*, lorsque l'autorité du monarque est tempérée par une constitution et par des assemblées législatives. La monarchie est *héréditaire*, si le souverain est pris de droit dans la même famille, et que le fils ou le plus proche héritier succède; elle est *élective*, si après la mort d'un souverain un nouveau souverain est nommé par voie d'élection. L'état prend le nom de *république*, quand le pouvoir est dans la main de plusieurs. Elle est *aristocratique*, lorsque les magistrats sont pris dans certaines familles privilégiées ou dans la noblesse, et *démocratique* quand ils sont choisis par le peuple parmi les citoyens indistinctement.

Les *langues* ou les manières d'exprimer ce qu'on pense et ce qu'on sent par des sons intelligibles, sont innombrables et très-variées.

Tous les peuples n'ont pas la même *religion* ou la même manière d'adorer Dieu et de vivre selon sa volonté. Toutes les religions peuvent se réduire à quatre principales : le *paganisme* ou *polythéisme*, le *judaïsme*, le *christianisme* et le *mahométisme*. La religion chrétienne, la plus répandue en Europe, comprend le *catholicisme*, la religion *grecque* et le *protestantisme*. De faibles nuances partagent ce dernier en trois branches : le *luthéranisme* ou l'église évangélique de la confession d'Augsbourg, le *calvinisme* ou l'église réformée, et l'*église anglicane* ou épiscopale. Celle-ci se distingue des autres communions protestantes, en ce qu'elle a conservé la hiérarchie des évêques. La religion de *Mahomet* est professée par les Turcs, les Arabes et plusieurs autres peuples ; celle de *Moïse* ou le judaïsme est observée par les *Juifs*. Toute autre religion qui admet plusieurs divinités, porte le nom de *religion payenne*.

Division générale du globe.

On divise le globe en cinq grandes parties ou continents : l'*Europe*, l'*Asie*, l'*Afrique*, l'*Amérique* et l'*Australie*. La masse d'eau ou l'Océan qui entoure tous les continents, se divise également en cinq principales parties ou mers extérieures : la *Mer glaciale du nord*, au nord de l'Europe, de l'Asie et de l'Amérique ; la *Mer glaciale du sud*, dans la zône glaciale du sud ; l'*Océan*

occidental ou l'*Océan atlantique*, entre l'Europe, l'Afrique
et l'Amérique; le *Grand-Océan*, appelé aussi l'*Océan
oriental*, *Mer pacifique* ou *Mer du Sud*, entre l'Asie et
l'Amérique; et la *Mer des Indes*, au sud de l'Asie.

EUROPE.

L'Europe, la plus petite des cinq parties du monde,
mais la plus importante par sa puissance, sa civilisation et
le nombre de ses habitants, a 170,000 lieues carrées. *)
Elle est entourée de trois côtés par la mer, et par le quatrième elle est contiguë à l'Asie, dont la séparent les monts
Ourals. Profondément découpée par des golfes nombreux
elle jouit d'un climat moins inégal et plus agréable que
les autres continents. Au nord se trouve la *Mer glaciale*
qui forme dans la Russie, près d'Archangel, le golfe
appelé *Mer blanche*. La *Mer d'Allemagne* ou *la Mer du
Nord* est entre la Grande-Bretagne, la Belgique, la Hollande, l'Allemagne, le Danemark et la Norwège, le *Cattegat* entre le Danemark et la Suède. La *Mer baltique*
entre le Danemark, la Suède, la Russie, la Prusse et
l'Allemagne, forme les deux golfes de *Bothnie* et de
Finlande. La *Mer atlantique* s'étend à l'ouest de l'Europe;
la partie de cette mer resserrée entre l'Angleterre et la
France s'appelle le *Canal* ou la *Manche*. La *Méditerranée*,
au sud de l'Europe, comprend la *Mer adriatique* ou le
Golfe de Venise, entre l'Autriche, la Turquie et l'Italie,
l'*Archipel*, la *Mer de Marmara* et la *Mer noire*, avec
son golfe, la *Mer d'Asow*. Les trois dernières mers ainsi
que la *Mer caspienne* s'étendent entre l'Europe et l'Asie.

---

*) Les lieues carrées dans ce livre sont toujours des lieues
géographiques, dont 15 forment un degré de l'équateur.

Les principaux détroits sont le *Sund*, entre le Danemark et la Suède; il établit avec le *grand* et le *petit
Belt* une communication entre la Baltique et le Cattegat; le *Pas-de-Calais*, entre la France et l'Angleterre,
joint la Mer du Nord à la Manche; le *détroit de Gibraltar*, entre l'Espagne et l'Afrique, réunit l'Océan atlantique avec la Méditerranée; le *détroit de Sicile* ou le *Phare
de Messine*, entre le royaume de Naples et la Sicile. La
Méditerranée communique par le *détroit des Dardanelles*,
(anciennement l'*Hellespont*,) entre la Turquie et l'Asie,
avec la Mer de Marmara; celle-ci par le *détroit de Constantinople* avec la Mer noire; et cette dernière tient à
la Mer d'Asow par le détroit de *Caffa* ou de *Féodosia*.

Le système de montagnes le plus important de l'Europe est celui des *Alpes*, tant par son élévation que par
son étendue. Il envoie ses eaux dans la Mer du Nord,
dans la Méditerranée, dans le Golfe adriatique et par le
Danube dans la Mer noire. Les *Apennins* et le *Jura*
peuvent être regardés comme des ramifications des Alpes.
A l'Ouest de ce système les *Pyrénées* forment une limite
naturelle entre la France et la Péninsule espagnole. A l'Est
les montagnes de l'Allemagne centrale et les *Karpathes*
déversent vers le Sud leurs eaux dans le Danube,
vers le Nord dans la Mer d'Allemagne et dans la Baltique. Au-delà de cette dernière les *Alpes scandinaves*
traversent dans toute sa longueur la presqu'île suédoise.
Toute la partie nord-est de l'Europe est une vaste plaine
peu inclinée au Nord et au Sud, jusqu'aux monts *Ourals*
qui forment la limite naturelle entre l'Europe et l'Asie
septentrionale.

Parmi les principaux fleuves de l'Europe la *Dwina* se
jette dans la Mer blanche; la *Duna*, la *Vistule* et l'*Oder*
dans la Mer baltique, l'*Elbe*, le *Rhin* et la *Tamise* dans
la Mer du nord, la *Loire*, la *Garonne*, le *Douro* et le
Tage dans l'Océan atlantique, l'*Ebre* et le *Rhône* dans

la Méditerranée, le *Pô* dans la Mer adriatique, le *Danube* et le *Dniéper* dans la Mer noire, le *Don* dans celle d'Asow, et le *Wolga*, le plus considérable des fleuves de l'Europe, dans la Mer caspienne.

Le *climat* de l'Europe est en général tempéré, à l'exception des pays situés dans l'extrême Nord et dans le Midi.

Le *Sol* de l'Europe produit tout ce qui est nécessaire à la vie humaine. Nulle part la terre n'est plus généralement ni mieux cultivée que dans cette partie du monde. Cependant elle doit la plupart de ses productions du règne végétal moins à la nature qu'à l'industrie de ses habitants. Elles ont été recueillies par eux dans toutes les parties du monde, et le sol et le climat de l'Europe les ont reçues. On continue toujours à faire des essais pour transplanter sur le sol européen des productions étrangères et utiles. L'Asie surtout qui est si riche en dons de la nature, nous en a fourni beaucoup. Les différentes espèces de blé sont originaires de l'Asie, d'où viennent aussi la plupart de nos légumes et de nos plantes potagères, de nos fruits et de nos fleurs. Le riz est originaire de l'Afrique. L'Amérique nous a fait le don précieux de ses pommes de terre. Elles nous ont été apportées vers la fin du 16.e siècle par *François Drake*, navigateur anglais. Le tabac, dont la culture et la fabrication forment une branche très-importante de l'industrie, est aussi une plante américaine.

La *population* de l'Europe est de 220 millions d'ames. Les Europééns surpassent les habitants des autres parties du monde en civilisation, en industrie et en connaissances, qui leur ont acquis presque partout une supériorité due principalement à l'imprimerie, à la navigation et à l'art militaire. Presque toutes les *langues* européennes peuvent être rapportées à trois familles: 1) la *latine* qui comprend le français, l'italien, l'espagnol, le portugais et en partie l'anglais; 2) la *germanique:* l'allemand, le

hollandais, le danois, le suédois, l'islandais et en grande
partie l'anglais ; 3) la *slavonne :* le russe, le polonais et
le hongrois. En dehors de ces familles il faut remarquer
le *turc* et peut-être le *grec.* Presque tous les Européens
professent la *religion chrétienne ;* la catholique domine
à l'ouest et au sud de l'Europe, la protestante au nord
et la grecque à l'est. La religion de *Mahomet* est professée en partie dans la Turquie. Les *Juifs* sont répandus
dans presque toute l'Europe.

Les pays de l'Europe sont en commençant à l'Ouest :
le *Portugal* (capitale *Lisbonne*), l'*Espagne* (cap. *Madrid*),
la *France* (*Paris*), les *Iles britanniques* (*Londres*), la
Hollande (*Amsterdam*), la *Belgique* (*Bruxelles*), la *Suisse*
(*Berne* etc.), l'*Italie* (*Rome* etc.), l'*Allemagne* (*Munich*
etc.), le *Danemark* (*Copenhague*), la *Norwège* et la *Suède*
(*Stockholm*), la *Prusse* (*Berlin*), l'*Autriche* avec la *Hon-*
grie (*Vienne*), la *Pologne* et la *Russie* (*Pétersbourg*), la
Turquie (*Constantinople*), la *Grèce* (*Athènes*).

Comme la France est la partie de l'Europe qui nous
intéresse le plus, c'est par elle que nous allons com-
mencer.

———

FRANCE.

La France est bornée au N. par la Manche et la Belgique ; à l'E. par l'Allemagne, la Suisse et l'Italie ; au S.
par la Méditerranée et l'Espagne, et à l'O. par l'Océan
atlantique. Son étendue est de 10,000 lieues carrées.

La France a plusieurs chaînes de montagnes considérables au Sud et à l'Est : 1) les *Pyrénées* entre la France
et l'Espagne. (Les plus hautes cimes des Pyrénées sont
en France le *Pic de Netou* une des cimes de la *Mala-*
detta 10,700 pieds, et le *Vignemale* 10,000 p.) ; 2) les *Cé-*
vennes dans le Languedoc ; les *Monts d'Auvergne* en sont
une branche ; (cimes : le *Mont d'or*, 6000 pieds, le *Can-*

tal 5700 p. , le *Puy de Dôme* 4500 p.); les *Vosges* entre la Lorraine et l'Alsace (le *Bullon* 4000 p.) se rattachent au même système par la *Côte d'or;* 3) la branche occidentale des *Alpes,* entre la France et l'Italie (le *Mont-Olan* 13,000 p.) et le *Jura* entre la France et la Suisse (le *Reculet* et la *Dôle* 5200 p.) Le sol de France s'abaisse vers le Nord-ouest et la plupart de ses fleuves suivent cette direction.

La France a quatre grands fleuves : la *Seine,* qui a sa source en Bourgogne, reçoit près de Paris la *Marne,* et se jette dans la Manche, près du Hàvre ; la *Loire,* qui a le plus long cours, prend sa source dans les *Cévennes,* et se décharge dans l'Océan atlantique au-dessous de Nantes ; la *Garonne* qui sort des Pyrénées, et va se jeter dans la même mer, près de Bordeaux. Elle prend le nom de *Gironde* après s'être réuni à la Dordogne ; le *Rhône,* qui prend sa source en Suisse, traverse le lac de Genève, se joint à la *Saône* près de Lyon, reçoit la *Durance* et se rend dans la Méditerranée ; la *Meuse* et la *Moselle,* rivières moins considérables, ont leurs sources en France, et passent, la première dans la Belgique, et la seconde en Allemagne ; l'*Adour* se jette dans le Golfe de Gascogne (partie de l'Océan atlantique) ; le *Rhin* forme en partie la limite entre la France et l'Allemagne.

La France possède plusieurs canaux: celui du *Languedoc,* appelé aussi *canal royal* ou *canal du midi,* joint la Méditerranée avec la Garonne et conséquemment avec l'Océan atlantique ; celui de *St.-Quentin* réunit la Seine et la Somme à l'Escaut ; le *canal du Rhône-au-Rhin* réunit ces deux fleuves à l'aide de la Saône, du Doubs et de l'Ill. Le *canal du centre* réunit la Saône à la Loire.

Le climat de la France est généralement doux et agréable ; le sol en est fertile et les productions très-belles. Les vins, surtout ceux de Bourgogne, de Champagne, de Bordeaux, et le muscat sont excellents. L'huile d'olive abonde dans les départements du midi, qui fournissent aussi des fruits délicats et de bonne soie. Le blé, la garance, le chanvre, le lin, le tabac se cultivent avec succès. De nombreuses et vastes forêts, dont les principales sont celles des Ardennes, d'Orléans, de Fontainebleau et de Compiègne, produisent des bois de chauffage et de construction. La France abonde en sel, surtout en sel marin; les bêtes à cornes et à laine y sont nombreuses. Elle possède des mines de fer, de cuivre, de charbon de terre, des carrières de marbre, d'excellentes pierres de taille et à fusil et d'autres minéraux.

La population est de 32 millions d'habitants, dont la grande majorité professe la religion catholique. Il y a en France 14 archevêchés et 66 évêchés. Les protestants sont au nombre d'environ trois millions.

Les Français cultivent avec beaucoup de succès les arts et les sciences. Leurs manufactures de toute espèce, surtout celles de soie, de draps, de tapis, de porcelaines, de glaces, de toiles de coton et de lin sont renommées.

Le gouvernement de la France est une monarchie constitutionnelle héréditaire, à l'exclusion des femmes. La chambre des pairs et celle des députés concourent avec le roi à la formation des lois. La révolution qui éclata en 1789, renversa la royauté en 1792, et convertit le gouvernement en république. L'empire créé en 1804 dura jusqu'en 1814; les Bourbons régnèrent de nouveau jusqu'en 1830, époque à laquelle la seconde révolution amena au trône la famille d'Orléans.

Avant la première révolution, la France était divisée en 32 provinces ou gouvernements; elle est partagée aujourd'hui en 86 départements, qui prennent leurs noms des rivières qui s'y trouvent, ou de quelque autre localité. Chaque département est administré par un préfet, et sous-divisé en sous-préfectures ou arrondissements, et ceux-ci en cantons.

Nous allons réunir l'ancienne division en 32 provinces à la moderne.

PROVINCES.	DÉPARTEMENTS.	CHEFS-LIEUX.
Ile de France.	Seine.	Paris.
«	Seine-et-Oise.	Versailles.
«	Oise.	Beauvais.
«	Aisne.	Laon.
«	Seine-et-Marne.	Melun.
Picardie.	Somme.	Amiens.
Artois.	Pas-de-Calais.	Arras.
Pays-bas français.	Nord.	Lille.
Normandie.	Seine-inférieure.	Rouen.
«	Calvados.	Caen.
«	Manche.	Saint-Lô.
«	Orne.	Alençon.
«	Eure.	Evreux.
Bretagne.	Ille-et-Vilaine.	Rennes.
«	Côtes-du-Nord.	Saint-Brieux.
«	Finisterre.	Quimper.
«	Morbihan.	Vannes.
«	Loire-inférieure.	Nantes.
Orléanais.	Loiret.	Orléans.
«	Eure-et-Loir.	Chartres.
«	Loir-et-Cher.	Blois.
Maine et Perche.	Sarthe.	Le Mans.
«	Mayenne.	Laval.
Anjou.	Maine-et-Loire.	Angers.
Poitou.	Vienne.	Poitiers.
«	Deux-Sèvres.	-Niort.
«	Vendée.	Bourbon-Vendée.
Touraine.	Indre-et-Loire.	Tours.
Berry.	Indre.	Châteauroux.
«	Cher.	Bourges.
Marche.	Creuze.	Guéret.
Limosin.	Haute-Vienne.	Limoges.
«	Corrèze.	Tulle.

Angoumois.	Charente.	Angoulême.
Saintonge.	Charente-inférieure.	La Rochelle.
Guyenne et Gascogne.	Gironde.	Bordeaux.
«	Dordogne.	Périgueux.
«	Lot-et-Garonne.	Agen.
«	Tarn-et-Garonne.	Montauban.
«	Lot.	Cahors.
«	Aveyron.	Rhodez.
«	Gers.	Auch.
«	Landes.	Mont-de-Marsan.
«	Hautes-Pyrénées.	Tarbes.
Béarn et Navarre.	Basses-Pyrénées.	Pau.
Foix.	Arriège.	Foix.
Roussillon.	Pyrénées-orientales.	Perpignan.
Languedoc.	Haute-Garonne.	Toulouse.
«	Aude.	Carcassonne.
«	Tarn.	Alby.
«	Hérault.	Montpellier.
«	Gard.	Nîmes.
«	Lozère.	Mende.
«	Ardèche.	Privas.
«	Haute-Loire.	Le Puy.
Provence.	Bouches-du-Rhône.	Marseille.
«	Var.	Draguignan.
«	Basses-Alpes.	Digne.
«	Vaucluse.	Avignon.
Dauphiné.	Isère.	Grenoble.
«	Drôme.	Valence.
«	Hautes-Alpes.	Gap.
Lyonnais.	Rhône.	Lyon.
«	Loire.	Montbrison.
Auvergne.	Puy-de-Dôme.	Clermont.
«	Cantal.	Aurillac.
Bourbonnais.	Allier.	Moulins.
Nivernais.	Nièvre.	Nevers.
Bourgogne.	Yonne.	Auxerre.
«	Côte-d'or.	Dijon.
«	Saône-et-Loire.	Macon.
«	Ain.	Bourg.

Franche-Comté.	Jura.	Lons-le-Saulnier.
«	Doubs.	Besançon.
«	Haute-Saône.	Vesoul.
Champagne.	Haute-Marne.	Chaumont.
«	Aube.	Troyes.
«	Marne.	Châlons.
«	Ardennes.	Mézières.
Lorraine.	Meuse.	Bar-le-Duc.
«	Moselle.	Metz.
«	Meurthe.	Nancy.
«	Vosges.	Épinal.
Alsace.	Bas-Rhin.	Strasbourg.
«	Haut-Rhin.	Colmar.
Corse.	Corse.	Ajaccio.

I. L'ILE DE FRANCE, province fertile et bien cultivée, forme avec une partie de la Picardie cinq départements:

1. DÉPARTEMENT DE LA SEINE: *Paris* *), sur la Seine, capitale de la France. Le palais des Tuileries est la résidence du roi; il est réuni par une longue galerie au Louvre; celle-ci contient le *musée*, riche collection de tableaux et de statues. Le Palais-Royal avec ses galeries est le dépôt général des plus belles marchandises. Le palais du Luxembourg sert de lieu d'assemblée à la chambre des pairs; le palais Bourbon est le siége de la chambre des députés. Parmi les églises on remarque la métropole ou Notre-Dame et celle des Invalides. Le Panthéon (Ste Geneviève) renferme les tombeaux des grands hommes qui ont bien mérité de la patrie. Paris est le siége d'un archevêché, de l'université royale, de l'institut de France et d'une académie comprenant toutes les facultés. La bibliothèque royale et le jardin du roi (jardin des plantes, qui renferme un cabinet d'histoire na-

---

*) Les villes marquées d'un astérisque étaient autrefois capitales de province.

turelle et une ménagérie), sont des plus riches de l'Europe. On remarque encore à Paris l'école polytechnique, l'institution des sourds-muets, celle des aveugles, l'hôtel des Invalides, le grand hôpital dit l'hôtel Dieu et plusieurs autres établissements de charité. Les Champs Élysées et les boulevards sont de belles promenades. Les Catacombes renferment d'innombrables ossements humains. Parmi les nombreuses manufactures on distingue celle des Gobelins, où l'on fait de superbes tapisseries et celle des glaces. Paris a une population de 780,000 habitants. *Saint-Denis*, qui renferme la sépulture royale dans l'église de l'ancienne abbaye; 6,000 hab.

2. DÉP. DE SEINE-ET-OISE : *Versailles*, belle ville; superbe château, bâti par Louis XIV, avec une galerie de tableaux d'histoire; manufacture d'armes; 28,000 hab. *Sèvres*, bourg, belle manufacture de porcelaines. *Marly*, bourg, célèbre par sa machine hydraulique qui fournit les eaux à Versailles. *Saint-Cloud*, bourg sur la Seine, superbe château et beau parc. *Saint-Germain en Laye*, dans une situation charmante; 11,000 hab. et *Rambouillet*, ont des châteaux royaux.

3. DÉP. DE L'OISE : *Beauvais*, fabrique de bonnes tapisseries; 12,800 hab. *Compiègne*, sur l'Oise, a un château royal; 9,000 hab. *Ermenonville*, village avec le monument de *J. J. Rousseau*, mort en 1778.

4. DÉP. DE L'AISNE : *Laon*, sur le sommet d'une colline, 7,500 hab. *Soissons*, sur l'Aisne; 8,000 hab. *Saint-Quentin*, ville forte sur la Somme, manufactures de toiles et de batistes; 12,000 hab. *Château-Thierry*, sur la Marne, patrie de *La Fontaine*. *Saint-Gobain*, célèbre manufacture de glaces.

5. DÉP. DE SEINE-ET-MARNE : *Melun*, sur la Seine, manufacture de toiles peintes; 6,600 hab. *Meaux*, sur la Marne, fournit les fromages de Brie; 8,000 hab. *Fontainebleau*, sur la Seine, a un château royal; 7,000 hab.

II. La PICARDIE, fertile en blé, chanvre, lin et colza, forme le

6. Dép. de la Somme: *Amiens* *, sur la Somme, manufactures de velours sur coton, de toiles et de lainage; 42,000 hab. *Abbeville*, sur la Somme; manufactures de draps, de toiles et de batistes; 20,000 hab.

III. L'ARTOIS, produit abondamment du blé, du lin, du chanvre, du tabac, du colza, et forme le

7. Dép. du Pas-de-Calais: *Arras* *, sur la Scarpe, ville très-forte, manufactures de batistes et de tapisseries; 22,000 hab. *Saint-Omer*, ville forte; 19,000 hab. *Boulogne*, port, commerce en poissons de mer; 19,000 hab. *Calais*, sur le détroit, port et citadelle; 9,000 hab. Le passage de cette ville en Angleterre n'est que de sept lieues.

IV. Les PAYS-BAS FRANÇAIS, comprenant des parties de la Flandre, du Hainaut et du Cambrésis, abondent en blé, chanvre, lin, colza et autres graines huileuses, gros bétail, charbon de terre. L'industrie manufacturière y est fort étendue. Ils forment le

8. Dép. du Nord: *Lille* *, (Ryssel), ville très-forte sur la Deule, fabrique des dentelles, des étoffes de laine, du camelot, du tabac et de l'huile de colza; 70,000 hab. *Douai*, ville forte sur la Scarpe, fonderie de canons, école d'artillerie, fabriques de savon noir; 20,000 hab. *Valenciennes*, forteresse, sur l'Escaut, fabrique des dentelles et de la batiste; 20,000 hab. *Cambray*, ville forte sur l'Escaut, immortalisée par son vertueux archevêque *Fénélon*; manufactures de toiles de lin, batistes et linons; 17,000 hab. *Dunkerque* (Dünkirchen), ville forte et excellent port sur la mer d'Allemagne, a des corderies, des fayenceries et des amidonneries; 25,000 hab. *Maubeuge* et *Landrecy*, sur la Sambre, et *Condé*, sur l'Escaut, forteresses.

V. La NORMANDIE, le long de la Manche, est très-fertile en blé et en pommes dont on fait du cidre; les bestiaux et les chevaux normands sont recherchés. Elle forme cinq départements:

9. Dép. de la Seine inférieure: *Rouen* *, sur la Seine, ville grande et commerçante, archevêché, faculté de théologie, manufactures de lainage, de coton, de siamoises, d'étoffes légères, dites *rouenneries*, et raffineries de sucre; 90,000 hab. *Le Hâvre*, ville forte et commerçante, à l'embouchure de la Seine, avec un beau port; 21,000 hab. *Dieppe*, ville forte et port; 17,000 hab. *Elbeuf*, sur la Seine, renommée par ses draps; 10,000 hab.

10. Dép. du Calvados, ainsi nommé d'une chaîne de rochers qui bordent la côte. *Caen*, sur l'Orne, académie comprenant les facultés de droit, des sciences et des lettres, fabrique des draps fins et des dentelles; 38,000 hab. *Bayeux*, 10,000 hab. et *Lisieux*, 11,000 hab. font le commerce. *Honfleur*, port de mer, vis-à-vis le Hâvre; 10,000 hab.

11. Dép. de la Manche: *Saint-Lô*, fabrique de serges, tanneries; 9,000 hab. *Coutances*, fait le commerce; 8,500 hab. *Cherbourg*, ville maritime et port de guerre fortifié; 17,000 hab.

12. Dép. de l'Orne: *Alençon*, fabrique des toiles et des dentelles dites *points d'Alençon*; 14,000 hab.

13. Dép. de l'Eure: *Evreux*, fabriques de draps, de velours et de coton; 10,000 hab. *Louviers*, bonnes manufactures de draps; 9,000 hab.

VI. La BRETAGNE, forme une presqu'île entre la Manche et l'Océan atlantique. Elle abonde en chanvre et en lin, nourrit des bestiaux, et comprend cinq départements:

14. Dép. d'Ille-et-Vilaine: *Rennes* *, archevêché, faculté de droit, fabriques de lainage; 29,000 hab. *Saint-Malo*, ville forte et port sur la Manche: 10,000 hab.

15. Dép. des côtes du Nord: *Saint-Brieux*, sur la Manche, se livre à la pêche; 10,000 hab.

16. Dép. de Finisterre; il tient son nom de sa position à l'extrémité occidentale de la France. *Quimper;* 8,000 hab. *Brest*, ville forte et commerçante sur l'Océan, principal port pour les vaisseaux de guerre, avec de vastes magasins pour les armements; 27,000 hab. *Ouessant*, île, célèbre par le combat naval de 1778, entre les Français et les Anglais.

17. Dép. du Morbihan; ainsi nommé d'un golfe. *Vannes*, sur le Morbihan, port, commerce en poissons salés; 11,000 hab. *L'Orient*, ville commerçante et port sur l'Océan; 15,000 hab.

18. Dép. dé la Loire inférieure : *Nantes*, sur la Loire, ville riche et commerçante, a des raffineries de sucre et des manufactures considérables ; 72,000 hab. Henri IV y donna en 1598, l'édit de Nantes, que Louis XIV révoqua en 1685.

VII. L'ORLÉANAIS, renommé par sa fertilité en grains forme trois départements :

19. Dép. du Loiret; il est traversé par le canal d'*Orléans*, qui se joint à celui de *Briare. Orléans**, sur la Loire, a des raffineries de sucre, et fait un grand commerce en vins, vinaigres et eaux-de-vie. Cette ville soutint contre les Anglais un siége que fit lever en 1429 *Jeanne d'Arc*, surnommée la *Pucelle d'Orléans;* 40,000 h.

20. Dép. d'Eure et Loir : *Chartres*, sur l'Eure, a une belle cathédrale, et commerce en grains; 15,000 hab.

21. Dép. de Loir et Cher : *Blois*, sur la Loire, a un beau château; 11,000 hab.

VIII. Le MAINE et le PERCHE, fertiles en grains et en fruits, forme deux départements :

22. Dép. de la Sarthe: *Le Mans**, sur la Sarthe, fabrique des bougies très-recherchées; 19,000 hab. *La Flèche*, sur le Loir, école militaire; 5,000 hab.

23. Dép. de la Mayenne: *Laval*, sur la Mayenne, fabriques de toiles; 16,000 hab.

IX. L'ANJOU, a un sol fertile et des carrières d'ardoises, qui sont les meilleures de France ; il forme le

24. Dép. de Maine et Loire : *Angers*, sur la Mayenne, ville commerçante ; 30,000 hab. *Saumur*, sur la Loire, fabrique des toiles ; 10,000 hab.

X. Le POITOU, baigné par l'Océan, est fertile en grains, a d'excellents pâturages et forme trois départements :

25. Dép. de la Vienne : *Poitiers**, faculté de droit, fabriques de lainage ; 22,000 hab. *Charles Martel* y défit les Sarazins en 732.

26. Dép. des deux Sèvres : *Niort*, fabrique de grosses étoffes de laine ; 16,000 hab.

27. Dép. de la Vendée, célèbre dans les guerres de la révolution. *Bourbon-Vendée*, autrefois Roche-sur-Yon ; ville nouvelle ; 3,000 hab. *Fontenai-le-Comte*, sur la Vendée, commerce en bestiaux ; 7,000 hab. *L'Ile-Dieu* et celle de *Noirmoutier* dépendent de ce département.

XI. La TOURAINE, pays auquel sa beauté et sa fertilité ont fait donner le nom de jardin de France, forme le

28. Dép. d'Indre et Loire : *Tours**, sur la Loire, archevêché, manufactures de soieries et de lainage ; 21,000 h.

XII. Le BERRY, fertile en grains, forme deux départements :

29. Dép. de l'Indre : *Châteauroux*, sur l'Indre, a des manufactures de draps ; 11,000 hab.

30. Dép. du Cher : *Bourges**, sur l'Eure, archevêché, belle cathédrale, fabriques de bonneteries et de toiles peintes ; 20,000 hab.

XIII. La MARCHE, pays peu fertile, forme le

31. Dép. de la Creuze : *Guéret**, fait le commerce de bestiaux ; 3,400 hab.

XIV. Le LIMOSIN, a un sol peu fertile, fournit de bons chevaux et forme deux départements :

32. Dép. de la Haute-Vienne : *Limoges**, sur la Vienne, papeteries, manufactures de lainage ; 26,000 hab.

33. Dép. de la Corrèze, *Tulle*, sur la Corrèze, a donné son nom à une espèce de dentelle ; 8,000 hab.

XV. L'ANGOUMOIS, fertile en blé, forme le

34. Dép. de la Charente : *Angoulême*, sur la Charente, manufactures de lainage, papeteries, commerce de vin, d'eau-de-vie et de sel ; 15,000 hab. *Cognac*, célèbre par ses eaux-de-vie.

XVI. La SAINTONGE, avec le pays d'AUNIS, est très-fertile, et forme le

35. Dép. de la Charente inférieure : *La Rochelle*, ville forte et port sur l'Océan, fait un grand commerce. Elle soutint en 1628 un fameux siége contre Louis XIII ; 15,000 hab. *Rochefort*, sur la Charente, ville bâtie par Louis XIV ; port de guerre, vastes magasins pour l'armement des flottes, arsenal, salines ; 15,000 hab. *Saintes*, ancien chef-lieu, 10,000 hab. Les îles de *Ré* et d'*Oléron*.

XVII. La GUYENNE, avec la GASCOGNE, fertile (à l'exception des landes entre Bordeaux et Bayonne), abonde en blé, fruits, excellents vins, bois, métaux et marbre. Elle forme neuf départements :

36. Dép. de la Gironde : *Bordeaux* *, sur la Garonne, beau port, archevêché, faculté de théologie, raffineries de sucre, grand commerce en vins, eaux-de-vie et denrées coloniales. La salle de spectacle passe pour la plus belle de la France ; 94,000 hab.

37. Dép. de la Dordogne : *Périgueux*, commerce en truffes et pâtés de perdrix ; 9,000 hab.

38. Dép. de Lot et Garonne ; *Agen*, sur la Garonne, manufactures de lainage ; 12,000 hab.

39. Dép. de Tarn et Garonne : *Montauban*, sur le Tarn, faculté de théologie du culte réformé, fabriques de soie et de laine ; 25,000 hab.

40. Dép. du Lot : *Cahors*, sur le Lot, manufactures de draps ; 12,000 hab.

41. Dép. de l'Aveyron : *Rhodez*, sur l'Aveyron, fabrique de gros draps ; 8,000 hab.

42. Dép. du Gers : *Auch*, ancienne capitale de la Gascogne, archevêché, manufactures de lainage ; 11,000 hab.

43. Dép. des Landes, ainsi nommé des landes ou terres stériles qui s'étendent sur une grande partie de ce département. *Mont-de-Marsan*, 3,000 hab.

44. Dép. des Hautes-Pyrénées : *Tarbes*, sur l'Adour, papeteries, 9,000 hab. Eaux thermales de *Bagnères*, dans la belle vallée de Campan.

XVIII. Le BÉARN, avec la NAVARRE, riche en bois, métaux et minéraux, forme le

45. Dép. des Basses-Pyrénées : *Pau**, dans le Béarn, patrie de Henri IV ; 10,000 hab. *Bayonne*, ville forte et port, non loin des frontières de l'Espagne. Les bayonnettes y furent inventées ; 14,000 hab.

XIX. Le COMTÉ DE FOIX, au pied des Pyrénées, fournit beaucoup de bois et forme le

46. Dép. de l'Arriége : *Foix**, sur l'Arriége ; 5,000 h.

XX. Le ROUSSILLON, dans les Pyrénées et sur la Méditerranée, produit d'excellents vins, et forme le

47. Dép. des Pyrénées orientales : *Perpignan**, ville forte et commerçante ; 15,000 hab. *Rivesaltes*, bon vin muscat.

XXI. Le LANGUEDOC, est traversé par les *Cévennes*, bien cultivé, et riche en vin, huile, fruits du sud, pastel et soie. Ses huit départements sont :

48. Dép. de la Haute-Garonne : *Toulouse**, sur la Garonne et le canal du midi qui y commence, archevêché, académie avec toutes les facultés, manufactures d'étoffes de laine, de toiles peintes, forges ; 70,000 hab.

49. Dép. de l'Aude : *Carcassonne*, sur l'Aude, manufactures de draps ; 18,000 hab. *Narbonne*, ville ancienne, renommée par ses miels ; 10,000 hab.

50. Dép. du Tarn : *Alby*, sur le Tarn, archevêché, fa-

brique des toiles. La secte des Albigeois a pris son nom de cette ville; 11,000 hab.

51. Dép. de l'Hérault : *Montpellier*, dans une position charmante et célèbre par la salubrité de son air, célèbre école de médecine, jardin botanique, fabriques de produits chimiques, d'étoffes de coton et de laine; 36,000 h. *Cette*, port, où finit le canal du midi; 10,000 hab. *Frontignan* et *Lunel*, célèbres par leurs vins muscats.

52. Dép. du Gard : *Nîmes*, manufactures d'étoffes de soie et de coton. Les *arènes* et la maison *carrée* sont de précieux monuments antiques; 40,000 hab. Aux environs de Nîmes est le *pont du Gard*, aqueduc de 180 pieds d'élévation, de 750 pieds de longueur et à trois rangs d'arcades, bâti par les Romains. *Beaucaire*, sur le Rhône, a des foires très-fréquentées; 10,000 hab.

53. Dép. de la Lozère; il prend son nom d'une montagne: *Mende*, sur le Lot, fabrique beaucoup de serges; 5,500 hab.

54. Dép. de l'Ardèche : *Privas*, 4,000 hab. *Annonay*, fabrique de très-beau papier; patrie de *Montgolfier*, qui inventa le ballon aérostatique en 1783.

55. Dép. de la Haute-Loire : *Le Pui*, non loin de la Loire, fabrique des dentelles et des blondes; 15,000 hab.

XXII. La PROVENCE, baignée par la Méditerranée, fournit du vin, de l'huile d'olive, des fruits du sud, du miel, de la soie, et comprend quatre départements:

56. Dép. des Bouches du Rhône : *Marseille*, sur la Méditerranée, la ville la plus importante pour le commerce français; vaste port, maison de quarantaine, savonneries très-renommées, manufacture de cigarres. Les côteaux qui entourent cette ville, sont ornés de charmantes maisons de campagne appelées *Bastides*. En 1720 elle fut ravagée par la peste; 116,000 hab. *Aix*, archevêché, facultés de théologie et de droit, eaux thermales, manufactures de velours, de soie et d'indiennes; 23,000 hab.

2 *

Arles, sur le Rhône, renferme des monuments antiques; 20,000 hab. La *Ciotat*, vins muscats.

57. Dép. du Var: *Draguignan*, fabrique de gros draps et des cuirs; 9,000 hab. *Toulon*, ville forte, port pour les vaisseaux de guerre; grand arsenal pour la marine, bagne; 30,000 hab. *Fréjus* et *Antibes*, ports.

58. Dép. des Basses-Alpes: *Digne*, commerce en fruits secs; 4,000 hab.

59. Dép. de Vaucluse; il tire son nom de la source de Vaucluse, célébrée par le poète *Pétrarque* dans le 14.e siècle. Ce département comprend les comtats Venaissin et d'Avignon, qui appartenaient au pape jusqu'en 1791, et la principauté d'Orange. *Avignon**, sur le Rhône, archevêché, manufactures d'étoffes de soie; 31,000 hab. *Orange*, beaux restes d'antiquités; 9,000 hab.

XXIII. Le DAUPHINÉ, au nord de la Provence, est montagneux et peu fertile, fournit des vins et des minéraux, il forme trois départements:

60. Dép. de l'Isère: *Grenoble**, ville forte sur l'Isère, facultés de droit et des sciences, arsenal, fabriques d'armes blanches et de draps; 22,000 hab. La *Grande Chartreuse*, couvent, dans une contrée sauvage et entre d'énormes rochers. *Vienne*, sur le Rhône, vins de la *Côte rôtie*; 14,000 hab.

61. Dép. de la Drôme: *Valence*, sur le Rhône, ville ancienne avec une citadelle; 10,000 hab.

62. Dép. des Hautes-Alpes: *Gap*, a des tanneries; 8,000 hab. *Briançon*, forteresse.

XXIV. Le LYONNAIS, produit des vins, des fruits, d'excellents marrons, a des mines de fer et de houille, et forme deux départements:

63. Dép. du Rhône: *Lyon**, au confluent du Rhône et de la Saône, après Paris, la ville la plus considérable de France, par son commerce et son industrie. Arche

vêché, faculté de théologie, manufactures d'étoffes d'or, d'argent et de soie et de chapellerie renommées; 130,000 h.

64. Dép. de la Loire: *Montbrison*; 5,000 hab. *Saint-Étienne*, manufactures d'armes et de coutellerie; chemin de fer à Lyon; 31,000 hab.

XXV. L'AUVERGNE, pays montagneux, mais très-fertile, forme deux départements qui prennent leur nom des montagnes qui s'y trouvent.

65. Dép. du Puy-de-Dôme: *Clermont**, ou *Clermont-Ferrand*, au pied du Puy-de-Dôme, manufactures en laine, papeteries, sources minérales et pétrifiantes. Il s'y tint en 1095 un concile qui résolut la première croisade; 30,000 hab.

66. Dép. du Cantal: *Aurillac*, fabrique des dentelles, commerce en bestiaux et en fromages; 10,000 hab.

XXVI. Le BOURBONNAIS, pays fertile, forme le

67. Dép. de l'Allier: *Moulins**, commerce en coutellerie; 15,000 hab. *Vichy* et *Bourbon-l'Archambault*, eaux minérales et thermales.

XXVII. Le NIVERNAIS fournit beaucoup de bois et forme le

68. Dép. de la Nièvre: *Nevers**, sur la Loire, belles fayenceries; 16,000 hab.

XXVIII. La BOURGOGNE, produit du blé, des fruits, surtout des vins renommés, a des mines de fer, et forme quatre départements:

69. Dép. de l'Yonne: *Auxerre*, sur l'Yonne, grand commerce de vins; 12,000 hab. *Sens*, sur l'Yonne, archevêché, fabriques; 7,000 hab.

70. Dép. de la Côte-d'Or, ainsi nommé d'une chaîne de côteaux qui produit de très-bons vins. *Dijon**, près du canal de Bourgogne; académie, composée des facultés de droit, des sciences et des lettres, fabrique du lainage, et commerce en vin, bougies, vinaigre et mou-

tarde; patrie de *Bossuet*, de *Crébillon*, de *Buffon*; 24,000 hab. *Beaune*, 9,000 h., et *Nuits*, fournissent de bons vins.

71. Dép. de Saône-et-Loire: *Mâcon*, sur la Saône, commerce en vin; 11,000 hab. *Autun*, conserve des restes d'antiquités romaines, 10,000 hab. *Châlons-sur-Saône*, commerce en grains et en vins; 11,000 hab.

72. Dép. de l'Ain: *Bourg*, dans le pays de Bresse; 7,000 hab. *Ferney*, célèbre par le séjour de *Voltaire*, mort en 1778.

XXIX. La FRANCHE-COMTÉ, entre le Jura et les Vosges, en partie montagneuse, est fertile en blé, vin et fruits, a des pâturages et forme trois départements:

73. Dép. du Jura: *Lons-le-Saulnier*, salines et mines; 8,000 hab. *Arbois*, bon vin; 6,000 hab. *Dôle*, 10,000 h.

74. Dép. du Doubs: *Besançon**, sur le Doubs, ville très-forte, citadelle bâtie sur un rocher; archevêché, faculté des lettres; fabrique des armes et d'autres ouvrages en fer et en acier; son horlogerie rivalise avec celle de Genève; 30,000 hab. *Montbéliard*, (Mümpelgard), patrie de *Cuvier*; 5,000 hab.

75. Dép. de la Haute-Saône: *Vesoul*, au pied d'un grand vignoble; 5,500 hab.

XXX. La CHAMPAGNE, a des plaines vastes et fertiles, mais aussi des contrées stériles; elle produit du blé, du lin, des fruits, et surtout d'excellents vins; nourrit beaucoup de bétail, fournit du marbre, de la craie, des pierres à fusil et forme quatre départements:

76. Dép. de la Haute-Marne: *Chaumont*, sur la Marne, manufactures de lainage; 6,000 hab. *Langres*, sur une montagne près de la Marne, coutellerie renommée; 7,000 hab.

77. Dép. de l'Aube: *Troyes**, sur la Seine, manufactures de lainage et de coton, 26,000 hab.

78. Dép. de la Marne: *Châlons-sur-Marne*, école des arts et métiers, fabriques de draps; 12,000 hab. *Reims*,

ville très-ancienne, où se faisait autrefois le sacre des rois de France ; archevêché, manufactures de lainage, surtout de circassiennes ; 35,000 hab. *Épernay*, sur la Marne, produit le meilleur vin de Champagne ; 5,000 h.

79. Dép. des Ardennes, il a son nom de la forêt qui s'y trouve. *Mézières*, sur la Meuse, forteresse ; 4,000 h. *Sedan*, ville forte, sur la Meuse, bons draps ; 13,000 h.

XXXI. La LORRAINE, (Lothringen), en grande partie montagneuse, riche en blé, chanvre, lin, fruits, bétail et sel, forme quatre départements :

80. Dép. de la Meuse : *Bar-le-Duc*, sur l'Ornain, bons vins ; 13,000 hab. *Verdun*, ville fortifiée, sur la Meuse, fabriques de serges ; 10,000 hab. Les trois fils de *Louis le Débonnaire* y firent le partage de la monarchie des Francs en 843.

81. Dép. de la Moselle : *Metz*, sur la Moselle, ville très-forte, citadelle, fabriques de draps et de papiers peints ; 45,000 hab. *Thionville*, 6,000 hab., *Longwy* et *Bitsch*, places fortes.

82. Dép. de la Meurthe : *Nancy* (Nanzig), sur la Meurthe, une des plus belles villes de France ; 29,000 hab. Le dernier duc de Bourgogne, *Charles le Hardi*, y perdit une bataille et la vie en 1477. *Lunéville*, sur la Meurthe, fayenceries, château où résidaient les anciens ducs de Lorraine ; 12,000 hab. *Toul*, sur la Moselle, belle cathédrale, manufacture de fayence ; 8,000 hab. *Dieuze*, *Château-Salins* et *Moyen-Vic* ont des salines. *Phalsbourg*, forteresse à l'entrée des Vosges, fabrique des liqueurs.

83. Dép. des Vosges : *Épinal*, sur la Moselle, a des verreries et des papeteries ; 7,000 hab. *Plombières*, eaux thermales. *Domremy*, patrie de *Jeanne d'Arc*.

XXXII. L'ALSACE, pays beau et fertile, situé entre le Rhin et les Vosges (Wasgau, Vogesen), tire son nom de la rivière d'Ill, appelée anciennement *Ell* ou *Alsa* qui, après avoir reçu près de Strasbourg la *Bruche* et le *canal du Rhône-au-Rhin*, se jette dans le Rhin à quelque distance de cette ville. Le sol est généralement fertile en grains, vins, fruits, légumes, chanvre, lin, tabac, garance, pavot et navette. Les forêts sont considérables; les prairies nourrissent beaucoup de bétail ; les montagnes fournissent surtout du fer, de la houille, des pierres de grès, de la chaux et du plâtre. La population de l'Alsace, réduite par le traité de 1815, monte encore à 890,000 habitants, de la religion catholique et de la protestante. Les juifs y sont très-nombreux. Cette province, réunie à la France par le traité de Westphalie en 1648, forme deux départements:

84. Dép. du Bas-Rhin: *Strasbourg**, ville très-forte, avec une citadelle, sur les rivières de l'Ill et de la Bruche, à une demi-lieue du Rhin. La cathédrale est le chef-d'œuvre d'architecture d'*Ervin de Steinbach;* sa tour, la plus haute en Europe, a 437 pieds et demi de Paris. L'église de S.ᵗ-Thomas renferme le mausolée du maréchal de Saxe et plusieurs monuments de savants distingués. Cette ville passa à la France sous Louis XIV en 1681. Elle possède une académie composée d'une faculté de théologie pour le culte protestant, et des facultés de droit, de médecine, des sciences et des lettres, deux séminaires, l'un catholique, l'autre protestant, un collége royal, un collégé protestant dit gymnase, une bibliothèque publique, un jardin botanique, un riche musée d'histoire naturelle, une manufacture royale de tabac, une fonderie de canons, 4,200 maisons et 50,000 hab. L'imprimerie en caractères mobiles y fut inventée par *Jean Gutenberg* de Mayence en 1436.

Haguenau, sur la Motter, dans une contrée sablonneuse et près de la forêt du même nom, 7,000 hab. *Bischwiller,* sur la Motter, a des manufactures de draps et de gants de laine, des tourbières et cultive beaucoup

de houblon ; 4,800 hab. *Wasselonne* (Wasslenheim),
derrière la vallée de la Couronne, a des carrières de
grès ; 4,000 hab. *Molsheim*, entouré de beaux vignobles, fabrique des outils de fer et d'acier. Le canal de
la Bruche y commence ; il fut creusé en 1682, pour fa-
ciliter le transport des matériaux pour la construction
de la citadelle de Strasbourg ; 3,000 hab. *Mutzig*, à l'entrée du val de la Bruche, a une manufacture d'armes à
feu, et fabrique beaucoup d'ouvrages en fer et en a-
cier ; 3,000 hab. *Schlettstadt*, place forte sur l'Ill ; sous-
préfecture. C'est ici que l'art de vernisser les vases de
terre fut inventé ; 9,000 hab. *Barr*, au pied d'un grand
vignoble, a de nombreuses tanneries ; 4,200 hab. *Ober-
nai* (Oberehnheim), au pied du mont Ste Odile, qui est
renommé par ses restes d'antiquités et son pélérinage ;
4,300 hab. La *vallée des lames* (Klingenthal), avec une
manufacture d'armes blanches. Le *Ban-de-la-Roche* (Stein-
thal), qui s'étend dans le département des Vosges, a des
forges et des filatures de coton ; il doit en grande partie sa
prospérité au pasteur *Oberlin*. *Saverne* (Zabern), sur la
Zorn, au pied des Vosges, sous-préfecture ; 4,600 h. *Saar-
union*, sur la Sarre ; 3,500 hab. *Bouxwiller*, a une grande
fabrique d'alun et de vitriol ; 3,500 hab. *Niederbronn*, a
des eaux minérales et des papeteries. *Wissembourg*, sur la
Lauter, forme la limite de la France au nord de l'Alsace ;
sous-préfecture ; 5,000 hab. *Soulz-sous-forêt* a une saline.
Lauterbourg, non loin du confluent du Rhin et de la Lauter.

85. Dép. du Haut-Rhin, pays vignoble, a de nombreuses filatures et fabriques de toiles de coton. *Col-
mar*, sur la Fecht, à quelque distance de l'Ill qui y
devient navigable par la réunion avec la Lauch, fait
le commerce de vins et possède une grande manufacture d'indiennes dans son voisinage. Elle est la partie
du poëte *Pfeffel* ; 16,000 hab. *Neuf-Brisach*, forteresse
sur la rive gauche du Rhin, vis-à-vis du Vieux-Brisach,

sur la rive droite de ce fleuve. *Riquewihr* (Reichenweyer),
Kaisersberg et *Türckheim*, produisent d'excellents vins.
Ribeauvillé (Rappoltsweiler) fabrique des toiles peintes et
a des filatures de coton; 4,600 hab. *Ste-Marie-aux-*
mines (Mariakirch), dans le val de Lièpvre (Leberthal),
a des filatures, des fabriques de toiles peintes, d'étoffes,
de bonneterie et des mines d'argent, de cuivre, d'ar-
sénic etc.; 7,000 hab. *Munster*, dans la vallée du
même nom, fabrique des toiles peintes; 4,300 hab. Le
lac *noir* et le lac *blanc* dans la vallée d'*Orbey*. *Ruffach*,
non loin de la plaine connue sous le nom de *champ*
du mensonge, où Louis le Débonnaire, abandonné de son
armée, fut fait prisonnier par ses fils rebelles; 4,000 h.
Ensisheim, grande maison de correction. *Guebwiller*, à
l'entrée de la vallée dite *Florival*, a une superbe église
et de belles fabriques; 3,700 hab. Dans son voisinage
est le *Balon* (Bölchen), le sommet le plus élevé des
Vosges (4000 pieds), avec le lac du même nom. *Cer-*
nay (Sennheim) a des filatures de coton et un grand ate-
lier pour la construction des machines; 3,400 hab. *Thann*,
sur la Thur, à l'entrée de la vallée de *St.-Amarin*,
remplie d'usines et de fabriques, dont celle de *Wäs-*
serlingen est la principale; 4,000 hab. *Masseraux*, (Mas-
munster), a des forges; 3,000 hab. *Mulhausen*, sur le
Dolleren et l'Ill qui l'entoure, est la ville la plus manufacturière de l'Alsace. Elle possède de grandes filatures de coton, des fabriques d'indiennes et d'autres établissements d'industrie; 16,000 hab. *Huningue*, sur le
Rhin; ses fortifications ont été rasées. *Ferrette*, près de
la source de l'Ill. *Altkirch*, sur l'Ill; sous-préfecture;
2,200 hab. *Béfort*, place forte au pied des Vosges et sur
la Savoureuse, sous-préfecture, a des forges; 4,700 hab.

L'ÎLE DE CORSE (Corsica), située dans la Méditerranée,
avec une population de 175,000 ames, est couverte de
montagnes et de forêts, produit du vin, de l'huile d'o-

live et des fruits du sud. Sur ses côtes on pêche le corail. Elle forme le

86. Dép. de la Corse: *Ajaccio*, chef-lieu, port; patrie de *Bonaparte*; 7,000 hab. *Bastia*, ancienne capitale, avec une citadelle et un port; 11,000 hab.

COLONIES FRANÇAISES:

En Asie: *Pondichéry*, *Chandernagor* etc. (Indes);

en Afrique: *Alger*, le *Sénégal*, l'île *Bourbon*;

en Amérique: La *Guyane*, la *Martinique*, la *Guadeloupe* etc.

ESPAGNE.

L'Espagne est bornée au N. par l'Océan atlantique et les Pyrénées qui la séparent de la France; à l'O. par le même Océan et le Portugal; au S. et à l'E. par la Méditerranée. Elle a une étendue de 8,400 lieues carrées. L'intérieur de l'Espagne présente un plateau élevé de plus de 2000 p., dominé lui-même par la *Sierra de Gredos*, les *Monts de Tolède* etc. Les *Pyrénées* sont indépendantes de ce système, elles séparent l'Espagne de la France (cimes: *Maladetta*, 10,700 p.; *Montperdu*, 10,500 p.); au S. se trouvent la *Sierra Moréna* et la *Sierra Névada* dont la plus haute cime, le *Mulhacen*, s'élève jusqu'à 11,000 p. Parmi les fleuves l'*Èbre* prend sa source dans les montagnes du nord, et se jette dans la Méditerranée; le *Douro*, le *Tage* (Tajo), la *Guadiana*, prennent leurs sources dans l'intérieur, traversent le Portugal, et se jettent dans l'Océan atlantique; le *Guadalquivir* a sa source dans la *Sierra Moréna*, traverse l'Andalousie et se décharge dans la même mer. Le climat est chaud, la côte septentrionale exceptée; le vent brûlant du sud, appelé *Solano*, venant de l'Afrique, dessèche souvent la végétation des provinces méridionales et cause des maladies. L'Espagne a un sol très-fertile, à l'exception du plateau central; elle produit du blé, du riz, du chanvre, du lin, du safran, du liége, de la soude, beaucoup d'huile, de

fruits du sud, de raisins de Corinthe et de vins délicieux, dont ceux de Malaga, de Xérès et d'Alicante sont
les plus renommés. Les moutons *mérinos* sont très-nombreux et très-estimés, à cause de la finesse et de la longueur de leur laine. Les chevaux de l'Andalousie sont
très-beaux. Les mulets et les ânes sont élevés dans toute
l'Espagne; on y trouve aussi beaucoup de chèvres, d'a-
beilles, de vers-à-soie et de kermès; elle a des mines
d'argent, de mercure, de plomb et de fer, mais elles
sont peu exploitées.

La population est de 12,100,000 ames. La musique, la
danse et les combats de taureaux sont les amusements fa-
voris des Espagnols. Ils professent la religion catholique.
Le gouvernement de l'Espagne est une monarchie héréditaire constitutionnelle. Le roi porte le titre de *catholique.*
L'Espagne est divisée en 15 grandes provinces, dont la
plupart ont formé autrefois des royaumes particuliers;
elles sont aujourd'hui subdivisées en 48 départements.

I. La NOUVELLE CASTILLE, au centre de tout le
pays. *Madrid*, capitale de l'Espagne et résidence du roi,
sûr le Manzanarès, qu'on passe sur deux ponts magnifiques; superbe palais royal, fabriques de tapisseries, de
porcelaines, de draps, de chapeaux et d'étoffes de soie;
120,000 hab. *Tolède*, sur le Tage, ville ancienne et
grande, jadis la florissante capitale de l'Espagne. Siége
d'un archevêque, primat du royaume, superbe cathédrale, manufacture d'armes blanches; 25,000 hab. *Aran-
juez*, sur le Tage, avec un château royal. *Guadalazara*,
sur le Hénarez, célèbres manufactures de draps fins;
14,000 hab. La *Manche*, grande plaine, fertile en vin.

II. La VIEILLE-CASTILLE, au nord de la Nouvelle-
Castille. *Burgos*, capitale fortifiée, avec une belle cathédrale, commerce en laine; 10,000 hab. *Ségovie*, a un
bel aqueduc romain et des manufactures de draps fins;
10,000 hab. *Saint-Ildefonse*, avec un château royal et

une célèbre manufacture de glaces; 5,000 hab. L'*Escurial*, château royal et couvent, édifice magnifique, dédié à St.-Laurent et bâti en forme de gril par Philippe II, en mémoire d'une victoire qu'il remporta sur les Français. Le couvent renferme la sépulture des rois, appelée le Panthéon, et une bibliothèque riche en manuscrits arabes.

III. LES ASTURIES, à l'ouest de la Vieille-Castille et sur l'Océan au nord du prolongement des Pyrénées. *Oviédo*, capitale, 7,500 hab.

IV. LA GALICE, à l'ouest des Asturies, la province la plus occidentale de l'Espagne. Le cap *Finisterre*. *Compostelle* (San Jago de C.), capitale et célèbre pélérinage, université; 12,000 hab. La *Corogne* (Corunna), 15,000 hab. et *Ferrol*, 20,000 hab., ports fortifiés, sur l'Océan.

V. LEON, province à l'ouest de la Vieille-Castille. *Leon*, capitale; 9,000 hab. *Valladolid*, 30,000 hab. et *Salamanque*, 13,000 hab., deux universités, les plus célèbres de l'Espagne.

VI. L'ESTRAMADURE, au sud de Léon. *Badajoz*, capitale, sur la Guadiana, forteresse limitrophe du Portugal; 15,000 hab. *St.-Just*, couvent où mourut *Charles-Quint* en 1558.

VII. L'ANDALOUSIE, grande et fertile, s'étend depuis l'Estramadure et la Nouvelle-Castille jusqu'au détroit de Gibraltar. Elle est bornée au nord par la *Sierra-Moréna* et arrosée par le *Guadalquivir*; le cap *Trafalgar*, sur l'Océan, est célèbre par la bataille navale de 1805, dans laquelle périt l'amiral anglais *Nelson*. *Séville*, capitale sur le Guadalquivir, la plus grande ville de l'Espagne. Grande manufacture royale de tabac, fabriques d'étoffes de soie, commerce important. La cathédrale est un chef-d'œuvre d'architecture gothique, la Giralda lui sert de clocher; l'Alcazar était autrefois la résidence des rois Maures; 100,000 hab. *Cadix*, ville très-forte et célèbre port dans l'île de Léon ; grand entrepôt du commerce espagnol ; 75,000 hab. *Gibraltar*, sur le détroit du même nom, a une forteresse située sur un rocher très-élevé et appartient depuis 1704 aux Anglais ; 16,000 hab. *Cordoue* (Cordova), sur le Guadalquivir, autrefois le siége des califes arabes ; le cordouan a reçu son nom de cette ville ; 20,000 hab.

VIII. LA GRENADE, province au sud de l'Andalousie le long de la Méditerranée, traversée par la *Sierra-Névada*. *Grenade* (Granada), capitale, manufactures en soie ; l'Alhambra était la résidence des rois Maures ; 60,000 h. *Malaga*, ville très-commerçante et bon port sur la Méditerranée ; vins renommés ; 50,000 hab.

IX. MURCIE, à l'est de la Grenade et sur la Méditerranée. *Murcie*, capitale, fait un grand commerce en soie ; 35,000 hab. *Carthagène*, ville fortifiée et port ; 30,000 hab.

X. VALENCE, au nord-est de Murcie. *Valence*, dans une des plus belles contrées de l'Espagne, capitale et port, sur le Guadalaviar, grande et florissante par son industrie et son commerce ; manufactures, surtout en soie ; 100,000 hab. *Murviédro*, ville bâtie sur les ruines de l'ancienne *Sagonte*, détruite par Annibal. *Alicante*, ville fortifiée et port ; vins estimés ; 17,000 hab.

XI. LA CATALOGNE, la province la plus orientale de l'Espagne. *Barcelone*, capitale très-forte et port sur la Méditerranée, elle a un grand nombre de fabriques d'étoffes et fait un très-grand commerce ; 140,000 hab. *Reus*, ville manufacturière et commerçante, 30,000 hab. *Gérone*, forteresse ; 10,000 hab. Le *Montserrat*, montagne avec un célèbre couvent et pélérinage.

XII L'ARAGON, à l'O. de la Catalogne. *Saragosse*, capitale, sur l'Èbre, a une université, des fabriques de soie et de draps ; l'église de Notre-Dame-del-Pilar attire beaucoup de pélerins ; 55,000 hab.

XIII. La NAVARRE, à l'O. de l'Aragon, entre les Pyrénées et l'Ebre, limitrophe de la Navarre française. *Pampelune*, capitale très-forte, au pied des Pyrénées; 14,000 hab. *Roncevaux*, vallée dans les Pyrénées, célèbre par la défaite de l'armée de Charlemagne.

XIV. Les provinces BASQUES, au N.-O. de la Navarre, baignées par l'Océan, et séparées de la France par la *Bidassoa*, rivière peu considérable, au milieu de laquelle est l'*île des faisans*, où fut conclue la paix des Pyrénées en 1659. *Bilbao*, capitale de la *Biscaye*, non loin de la mer, a un port et commerce en laine; 15,000 hab. *St.-Sébastien*, capitale de la province de *Guipuscoa*, forteresse et port; 13,000 hab. *Vitoria*, capitale de la province d'*Alava*, 7,000 hab.

XV. Les iles de MAJORQUE (Mallorca) et de MINORQUE, appelées autrefois îles *Baléares*, et celle d'IVICA, dans la Méditerranée. *Palma*, capitale fortifiée et port, dans l'île de Majorque; 35,000 hab. *Port-Mahon*, ville et excellent port dans l'île de Minorque; 16,000 hab.

COLONIES ESPAGNOLES:

En Afrique: les îles *Canaries*, *Anno-bon* et l'île du *Prince* dans la mer de Guinée;

en Amérique: *Cuba* et *Porto-rico*;

en Australie: les *Philippines*, les *Carolines* etc.

ANDORRE, dans les Pyrénées, petite république indépendante, entre la Catalogne et le Dép.^t de l'Arriège.

PORTUGAL.

Ce royaume, le plus occidental de l'Europe, est borné au N. et à l'E. par l'Espagne; à l'O. et au S. par l'Océan atlantique, et contient 1,700 lieues carrées. Les plaines et les montagnes du Portugal sont une continuation de celles de l'Espagne; la *Sierra d'Estrella* a 7,200 pieds de haut. Ses fleuves sont la *Guadiana*, le *Tage*, le plus grand d'entre eux, le *Douro* et le *Minho*; ils viennent de l'Espagne et se jettent dans l'Océan atlantique. Le sol est fertile, mais mal cultivé, le climat est chaud, les productions sont les mêmes que celles de l'Espagne. Les habitants, au nombre de 3,500,000, professent la religion catholique.

Le Portugal est un royaume héréditaire constitutionnel. La famille royale de la maison de Bragance quitta l'Europe en 1807 pour s'établir dans le Brésil, autrefois possession portugaise, dans l'Amérique méridionale; quelques membres de cette famille sont de retour depuis plusieurs années. Le roi porte le titre de *très-fidèle*.

Le Portugal est divisé en six provinces:

I. L'ESTRAMADURE: *Lisbonne* (Lisboa), capitale et résidence du roi, à 4 lieues de l'embouchure du Tage, siége d'un archevêque; elle a plusieurs académies; bel aqueduc construit en marbre blanc. Cette ville fait un très-grand commerce par son port, un des plus beaux et des plus vastes de l'Europe. En 1755 elle fut presque entièrement détruite par un tremblement de terre; le château royal est à *Belem*, faubourg de Lisbonne; 250,000 hab. *Mafra*, bourg, avec un vaste palais, une superbe église en marbre, et un riche couvent. *Sétuval* ou *St.-Ubes*, ville forte et port, exporte beaucoup de vin et de sel marin; 15,000 hab.

II. BEIRA: *Coïmbre*, capitale, seule université en Portugal, fabrique de la poterie; 15,000 hab.

III. TRAZ-OS-MONTES: *Bragance*, capitale; 5,000 hab. La maison régnante, qui occupe le trône de Portugal depuis 1640, descend des ducs de Bragance.

IV. ENTRE DOURO ET MINHO: *Porto* ou *Oporto*, capitale et port à l'embouchure du Douro, la seconde ville du royaume. Elle a de nombreuses fabriques et exporte beaucoup de vin rouge, dit de *Porto*, de l'huile et des fruits du sud ; 70,000 hab. *Braga*, archevêché, 20,000 hab.

V. ALENTEJO : *Evora*, capitale, possède un bel aqueduc ; 15,000 hab. *Elvas*, place très-forte, auprès de la frontière de l'Espagne, a une manufacture d'armes ; 16,000 hab.

VI. ALGARVE, avec le titre de royaume, est la province la plus méridionale du Portugal. Le cap *St.-Vincent* au sud-ouest. *Tavira*, capitale et port ; 6,000 hab.

COLONIES PORTUGAISES :

En Asie : *Goa* etc. dans les Indes, *Macao* en Chine ;
en Afrique : les îles *Açores*, *Madeira*, les îles du *Cap verd* et de la *Guinée*, *Mozambique*, une partie du *Congo* etc.
en Australie : *Florès* etc. dans l'Australasie.

ITALIE.

L'Italie est une grande presqu'île qui avance dans la Méditerranée. Elle est bornée au N. par la Suisse et l'Allemagne ; à l'O. par la France et la Méditerranée ; au S. par la même mer, et à l'E. par la Mer adriatique. Son étendue, y compris les îles, est de 5,800 lieues carrées.

La partie des *Alpes* qui en contient la plus haute cime (le *Mont-blanc* 14,800 p.) s'étend dans l'Italie septentrionale, et les *Apennins* (cime : *Gran Sasso* ou *Monte Corno*, dans le royaume de Naples, 9,000 p.), qui partent des Alpes, traversent l'Italie dans toute sa longueur. Les principaux fleuves sont : le *Pô*, qui vient du Piémont et se décharge dans la Mer adriatique ; l'*Adige* (Etsch), qui naît dans les montagnes du Tyrol, et se jette aussi dans la Mer adriatique ; le *Tibre* et l'*Arno* qui descendent des Apennins et se rendent dans la Méditerranée. Les plus grands lacs sont le lac *Majeur*, le lac

de *Côme* et celui de *Garde*, tous les trois entre les ramifications des Alpes.

Le climat de l'Italie est en général doux et agréable;
l'hiver n'y est connu que dans les montagnes. La chaleur y est tempérée par les vents frais de la mer et par
les bises qui viennent des Apennins. La partie méridionale éprouve de grandes chaleurs; elle est exposée au
vent de *Sirocco* et aux tremblements de terre. Dans quelques pays de l'État de l'Église et de la Toscane il y a
des marais dont les exhalaisons rendent l'air malsain.

L'Italie, dont la fertilité lui a fait donner le nom de
jardin de l'Europe, abonde en blé, riz, vin, huile
d'olive, fruits délicats, manne, soie, miel, bestiaux et
marbre; au midi on trouve le buffle, le palmier et la
canne à sucre.

La population est de 20 millions d'ames. La langue
italienne, formée du latin, est douce et harmonieuse. La
religion catholique est professée dans toute l'Italie. Les
arts et les sciences fleurissent encore dans ce pays, quoique à un moindre degré qu'autrefois. Les fabriques fournissent des étoffes de soie, du velours, des fleurs artificielles, des essences, des confitures, des pâtes de diverses espèces, des glaces, de la poterie fine et du savon.
L'Italie renferme différents états, savoir:

I. LE ROYAUME DE SARDAIGNE, pays en grande
partie montueux, a une population de 4,400,000 âmes;
il comprend les provinces suivantes:

1. LE DUCHÉ DE SAVOIE, contigu à la France et à la
Suisse, hérissé de montagnes et de rochers, renferme la
vallée de Chamouni, au pied du *Mont-blanc*, haut de
14,800 pieds, la montagne la plus élevée de l'Europe. La
route du *Mont-Cenis* (11,700 p.) conduit dans le Piémont. *Chambéry*, capitale, a des fabriques de soie;
12,000 hab.

2. LE DUCHÉ DE PIÉMONT, avec le Montferrat et une

partie du Milanès, à l'E. de la Savoie, et au pied des Alpes et des Apennins, est fertile et riche en soie. *Turin*, sur le Pô, capitale et résidence du roi de Sardaigne, a une citadelle, une université, des fabriques de soie et fait un grand commerce; 113,000 hab. *Verceil*, sur la Sésia, où Marius défit les Cimbres; 17,000 h. *Casale*, sur le Pô, dans le Montferrat; 15,000 hab. *Alexandrie*, surnommée *de la paille*, dans le Milanès, ville très-forte, a deux foires célèbres; 36,000 hab. *Marengo*, village où les Français, sous le commandement du consul *Bonaparte*, gagnèrent une bataille sur les Autrichiens, en 1800. Le général *Desaix* y fut tué. La route du *Simplon* (10,800 p.) entretient la communication avec la Suisse. Les belles îles *Borromées*, au milieu du Lac Majeur.

3. LE COMTÉ DE NICE, séparé du Piémont par les Alpes maritimes. *Nice* (Nizza), capitale et port, sur la Méditerranée; son air pur et salubre y attire les étrangers; 20,000 hab.

4. LE DUCHÉ DE GÊNES, pays littoral, le long de la Méditerranée, autrefois une république importante. *Gênes* (Genua), capitale magnifique, bâtie en amphithéâtre, très-fortifiée et beau port sur la Méditerranée; fabriques de velours, grand commerce maritime; patrie de *Christophe Colomb*; 80,000 hab.

5. LA SARDAIGNE (Sardinien), île de la Méditerranée, avec le titre de royaume, au sud de la Corse, est très-montagneuse, mais fertile et nourrit beaucoup de chèvres et de brebis. Les habitants au nombre de 500,000 sont peu civilisés. *Cagliari*, capitale, a une université et un port; 28,000 hab. *Sassari*, dans une belle plaine; 20,000 hab.

II. LE ROYAUME LOMBARD-VÉNITIEN, dont l'empereur d'Autriche est le souverain, est un pays beau et fertile au sud des Alpes, avec une population de 4,500,000 habitants. Il est divisé en deux provinces :

1. LE GOUVERNEMENT LOMBARD : *Milan* (Mailand), capitale et résidence du vice-roi, située dans une belle plaine sur l'Olona. Ville manufacturière et très-commerçante; belle cathédrale dont l'intérieur et l'extérieur sont revêtus de marbre blanc, bibliothèque Ambroisienne, vaste théâtre; 150,000 hab. *Pavie*, sur le Tésin, autrefois la capitale du royaume Lombard; 23,000 hab. *Crémone*, sur le Pô, a un château fort et fabrique des étoffes de soie et des violons renommés; 29,000 hab. *Lodi*, sur l'Adda, commerce en fromages parmesans; 16,000 hab., et *Arcole*, célèbres par les victoires des Français sur les Autrichiens en 1796. *Côme*, belle ville, sur le lac de ce nom, a des fabriques de soieries; 16,000 hab. *Mantoue*, place forte au milieu d'un lac formé par le Mincio; 26,000 hab. *Piétola*, autrefois *Andes*, village où naquit *Virgile*. *Brescie* fabrique des armes à feu très-estimées; 36,000 hab. *Bergame* a des manufactures de soieries et de lainage, et une grande foire; 32,000 hab. *Sondrio*, sur l'Adda, dans la Valteline.

2. LE GOUVERNEMENT DE VENISE, autrefois célèbre république, à la tête de laquelle était le doge. *Venise* (Venedig), s'élève au milieu de la mer, au centre des lagunes (lac séparé de la mer par une bande d'îlots) et sur le golfe de Venise, à une lieue du continent. Elle est bâtie sur pilotis et coupée de nombreux canaux, dont la plupart forment des rues que l'on parcourt en gondoles. On y remarque le superbe pont de Rialto en marbre; la belle place de St.-Marc et l'église de ce nom, dont le portail est décoré des quatre chevaux corinthiens de bronze; le palais où résidait le doge; le grand arsenal et l'hôtel des monnaies dit Zecca; manufactures de soieries, de draps d'écarlate, de glaces et autres; 100,000 h. *Padoue*, ville ancienne et grande sur la Brenta, a une

université et des fabriques en soie, laine et cuirs ; 48,000 hab. *Vicence*, fabrique des étoffes de soie et des fleurs artificielles ; 33,000 hab. *Vérone*, sur l'Adige, fabriques importantes en soie et en laine, amphithéâtre romain, dit *Aréna*, où se donnaient des combats de gladiateurs et de bêtes féroces ; 55,000 hab. *Trévise*, fabrique de la coutellerie ; 14,000 hab. *Udine*, dans le Frioul, fait un grand commerce en soie ; 17,000 hab.

III. Le DUCHÉ DE PARME, séparé du royaume Lombard-Vénitien par le Pô, avec une population de 383,000 âmes. *Parme*, capitale et résidence, a un théâtre magnifique, une imprimerie célèbre et des manufactures en soie ; 32,000 hab. *Plaisance* (Piacenza), non loin du Pô, fabrique des étoffes en soie ; 20,000 hab.

IV. Le DUCHÉ DE MODÈNE, avec une population de 400,000 âmes. *Modène*, capitale et résidence du duc, université ; 23,000 hab. *Reggio*, commerce en soie, foire, patrie d'*Arioste* ; 18,000 hab. Aux environs de cette ville est le château de *Canosse*, où l'empereur *Henri* IV fit pénitence devant le pape *Grégoire* VII en 1077. *Massa* et *Carrara* ont de célèbres carrières de marbre.

V. Le DUCHÉ DE LUCQUES, au sud de celui de Modène, avec une population de 150,000 âmes. *Lucques*, capitale, sur le Serchio, fait un grand commerce en huile et en soie ; 19,000 hab.

VI. Le GRAND-DUCHÉ DE TOSCANE, baigné par la Méditerranée, est un pays montagneux, mais très-fertile, avec une population de 1,350,000 âmes. *Florence*, capitale magnifique et résidence du grand-duc, sur l'Arno ; cathédrale incrustée au-dehors de marbre blanc et noir poli, et autres églises superbes, riche collection de statues antiques (Vénus de Médicis), de tableaux, de médailles et d'autres curiosités ; archevêché, université, bibliothèque des Médicis, fabriques de velours et d'étoffes de soie, patrie d'*Améric Vespuce* ; 95,000 hab. *Livourne*

(Livorno), ville fortifiée et port commerçant, sur la Méditerranée ; il y a beaucoup de Juifs, de Grecs, d'Arméniens et de Turcs ; ces derniers y ont une mosquée ; 55,000 hab. *Pise*, sur l'Arno, grande, mais peu peuplée ; on y remarque la tour inclinée et le cimetière dit *Campo santo* ; 20,000 hab. *Sienne*, ville ancienne, autrefois très-florissante ; 24,000 hab. *L'île d'Elbe*, non loin de la côte de Toscane, riche en fer, fut donnée en 1814 à Napoléon, qui y séjourna pendant dix mois. *Porto-Ferrajo*, 4,000 hab.

VII. L'ÉTAT DE L'ÉGLISE, appelé ainsi, parce que le pape, chef de l'église catholique, en est le souverain, est situé entre le royaume Lombard-Vénitien, la Toscane et le royaume de Naples, et s'étend le long de la Méditerranée et de la Mer adriatique ; il est fertile, mais mal cultivé, et a une population de 2,600,000 âmes. Il est divisé en 18 délégations. *Rome*, autrefois la capitale du monde, aujourd'hui résidence du pape, sur le Tibre. Aucune ville n'est aussi riche en monuments antiques et modernes que Rome. Le Panthéon ou la Rotonde, autrefois un temple païen, est aujourd'hui une église ; l'amphithéâtre flavien ou le Colisée ; les arcs de triomphe de Titus et d'autres empereurs ; les obélisques égyptiens ; les colonnes Trajane et Antonine ; l'église de St.-Pierre, la plus belle église de l'univers, bâtie en forme de croix et couverte en marbre blanc au dehors et en dedans, elle a 408 p. de hauteur ; le Vatican, palais très-vaste qui renferme 22 cours, quelques milliers de chambres, une bibliothèque, un cabinet d'antiquités et une collection de belles statues, parmi lesquelles on remarque celles d'Apollon et de Laocoon ; le Capitole bâti sur les fondements de l'ancien Capitole, si fameux dans l'histoire romaine ; le château de Saint-Ange, autrefois le tombeau de l'empereur Adrien, maintenant forteresse. Cette ville possède plusieurs académies des arts et des sciences, et un grand nombre d'artistes ; elle est entourée de villas ou maisons de campagne ; 150,000 hab. *Civita-Vecchia*, ville forte et port sur la Méditerranée ; 8,000 hab. *Viterbe*, capitale du *Patrimoine de St.-Pierre* ; 12,000 hab. *Spolète*, au pied des Apennins, 7,000 hab. *Pérouse* (Perugia), non loin du lac du même nom, autrefois le lac de *Trasimène*, célèbre par la victoire d'*Annibal* sur les Romains ; 16,000 hab. *Sinigaglia*, ville forte et port sur la Mer adriatique. Il s'y tient annuellement une grande foire ; 7,000 hab. *Urbin*, patrie du grand peintre *Raphaël* ; 12,000 hab. *Ancône*, ville fortifiée et port sur la Mer adriatique, fait un commerce très-actif ; 20,000 hab. *Lorette*, célèbre par son pélérinage à la *Sainte-Case* ; 8,000 hab. *Ravenne*, ville très-ancienne, non loin de la Mer adriatique ; 24,000 hab. *Faënza*, a donné son nom à la poterie, dite faïence, qui y fut inventée ; 15,0 o h. *Ferrare*, ville forte sur un bras du Pô, dans une contrée marécageuse ; 25,000 hab. *Bologne*, commerçante et industrieuse, a une académie célèbre, appelée institut ; son université est la plus ancienne de l'Europe ; les fruits en cire, les saucissons et les macaronis de cette ville sont renommés ; 70,000 hab.

VIII. LA RÉPUBLIQUE DE S.ᵗ-MARIN, enclavée dans l'État de l'Église, n'a que 7,000 hab. Elle comprend la ville du même nom, située sur une montagne, et deux villages.

IX. Le ROYAUME DE NAPLES ou DES DEUX SICILES, comprend toute l'Italie méridionale et l'île de Sicile ; il a une population de 7,600,000 hab.

A. Le royaume de Naples, qui occupe toute la partie méridionale de l'Italie, est un des pays les plus chauds et des plus fertiles de l'Europe ; mais il est en général mal cultivé. Les tremblements de terre auxquels il est exposé, et les éruptions du Vésuve (3,600 p.) y causent souvent de grands ravages. Sa population est de 5,800,000 âmes. Il est divisé en quatre provinces, savoir :

1. LA TERRE DE LABOUR : *Naples* (Neapel, Napoli), capitale et résidence du roi, sur le golfe du même nom, à trois lieues du mont Vésuve, la plus grande ville de l'Italie ; la situation en est charmante. Elle est défendue par cinq châteaux forts, a des églises et des palais superbes, des fabriques d'étoffes de soie, de draps, un bon port et fait un commerce considérable. Le musée est surtout riche en antiquités tirées d'Herculanum. Les nombreux Lazzaroni se distinguent par leur genre de vie ; 370,000 h. Les environs de Naples offrent beaucoup d'objets dignes d'attention : la *grotte de Pausilippe*, montagne percée par une galerie ; le *lac Agnano*, dont l'eau bouillonne quelquefois ; les *étuves de St.-Germain*, voûtes remplies de vapeurs chaudes ; la *grotte du chien*, dans laquelle le gaz acide carbonique s'élève à 8 pouces au-dessus du sol ; la *Solfatara*, vallée où l'on voit s'élever des vapeurs sulfureuses. *Portici* ; 5,500 hab. ; avec un château royal, bâti en partie sur les ruines de la ville d'*Herculanum*, ensevelie avec *Pompeji* sous les cendres du Vésuve, 79 ans après J.-C. et déterrée en 1711 ; on continue toujours les fouilles. *Torré-del-Gréco*, près du mont Vésuve ; les environs produisent le bon vin dit *lacryma Christi* ; 15,000 hab. *Capoue*, ville forte, dans une belle contrée ; 7,500 hab. ; son voisinage offre les ruines de l'ancienne Capoue, dont les délices affaiblirent l'armée d'*Annibal*. *Salerne*, port sur le golfe du même nom ; 12,000 hab. *Gaëte*, ville très-forte et port ; 14,000 hab.

2. L'ABRUZZE : *Aquila*, sur une montagne ; 14,000 hab. *Chiéti*, 15,000 hab. *Lanciano*, 14,000 hab.

3. LA POUILLE : *Foggia* a une célèbre foire et commerce en blé et en laine ; 20,000 hab. *Cannes*, célèbre par la victoire d'*Annibal*. *Lecce* cultive beaucoup de coton ; 20,000 hab. *Bari*, ville forte et commerçante ;

20,000 hab. *Tarente*, ville forte et port, sur le grand golfe de ce nom; la tarentule, araignée vénimeuse, en a pris son nom; 18,000 hab.

4. La Calabre, fournit la meilleure manne. *Cosenza*, fait un grand commerce en soie; 15,000 hab. *Reggio*, sur le détroit de Sicile, vis-à-vis de Messine, port; 20,000 hab.

B. Le royaume de Sicile; cette île, la plus grande de la Méditerranée, est séparée du royaume de Naples par le *phare de Messine* ou le *détroit de Sicile*. Le sol, montagneux et mal cultivé, est très-fertile, et abonde surtout en blé; le volcan *Etna* (10,500 p.) a moins d'éruptions violentes que le Vésuve. La population de la Sicile est de 1,800,000 âmes. *Palerme*, superbe capitale et port; centre du commerce et de l'industrie de l'île; 180,000 h. *Messine*, sur le détroit de Sicile; excellent port, a des fabriques de soieries et fait un commerce considérable. Cette ville fut, en 1783, presque entièrement détruite par un tremblement de terre; 75,000 hab. *Catane*, au pied du mont Etna, fabrique des étoffes de soie; on y travaille l'ambre jaune qui se trouve dans les environs; 46,000 hab. *Siragosa*, autrefois Syracuse, la capitale de la Sicile et patrie du célèbre géomètre *Archimède*, est déchue de son ancienne splendeur; 18,000 hab. Près de cette ville on remarque l'*oreille de Dénis*, grotte taillée dans le roc. *Girgenti*, l'ancienne Agrigente, 16,000 hab. *Trapani*, fabrique des objets d'art; 25,000 hab. Les îles *Lipari*, au nombre de 11, au nord de la Sicile, sont volcaniques; *Stromboli* en est le foyer le plus actif. L'île de *Pantellaria* est voisine de l'Afrique.

X. L'ILE DE MALTE, entre la Sicile et l'Afrique, n'est qu'un rocher légèrement couvert de terre. Elle produit cependant du coton, de bon vin et les meilleures oranges, a 85,000 habitants et appartient depuis 1800 aux Anglais. Avant cette époque elle était une possession de l'ordre de St.-Jean de Jérusalem. *La Valette*, capitale très-forte et port; 50,000 h. L'île de *Gozzo* a 15,000 h.

SUISSE.

La Suisse (Schweiz) est bornée au N. et à l'E. par l'Allemagne; au S. par l'Italie; à l'O. par la France; elle a 871 lieues carrées.

La Suisse est le pays le plus élevé de l'Europe; sa partie méridionale contient les principales chaînes des *Alpes*. Le centre de ce vaste système de montagnes est formé par le *St.-Gothard* (11,300 p.) et la *Fourche* (*Furca*, 13,000 p.), d'où partent les différentes branches des Alpes. Ce sont: 1) les *Alpes des Grisons* (*Vogelsberg* et *Splügen* 10,000 p.) à l'E. qui se prolongent dans les provinces autrichiennes; 2) les *Alpes de Glarus* (*Dödi* 11,100 p.) au N.-E.; 3) les *Alpes d'Uri* (*Titlis* 10,000 p.) au N.; 4) les *Alpes bernoises* (*Finsteraarhorn* 13,000, *Jungfrau* ou *Pic de la Vierge* 12,900, *Mönch* 12,700, *Schreckhorn* 11,600, *Wetterhorn* 11,500 p.) à l'O. 5) les *Alpes du Valais* (*Mont-Rosa* 14,000, grand *St.-Bernard* 10,400, *Simplon* 10,800 p.) au S.-O.; elles s'étendent jusqu'au Mont-blanc et de là aux Apennins. Les Alpes élevées de plus de 8,000 pieds sont couvertes d'une neige éternelle; mais les *glaciers* ou les champs de glace qui remplissent les hautes vallées descendent beaucoup plus bas; les *avalanches* ou masses de neige qui se détachent des hautes Alpes ensevelissent quelquefois des villages entiers. Le *Jura* (*Dôle* 5,000 p.) sépare la Suisse de la France, qui en contient les cimes les plus élevées.

Les principaux fleuves de la Suisse ont tous leur source près du St.-Gothard et se dirigent de là vers la mer dans toutes les directions. Le *Rhône* naît au pied de la Fourche, traverse le Valais, le lac de Genève et la France et se jette dans la Méditerranée. Le *Rhin* a ses sources à l'E. du St.-Gothard, dans les Alpes des Grisons, traverse le lac de Constance, reçoit l'*Aar* grossie par la *Reuss* et la *Limmat*, baigne l'Allemagne et la Hollande et se perd dans la Mer du nord; l'*Inn* va se jeter dans le Danube; les rivières du versant méridional traversent l'Italie et se jettent dans la Mer adriatique. Outre les lacs italiens situés au pied des Alpes, il faut remarquer les lacs de *Genève*, de *Constance* (Bodensee), de *Neufchâtel*, de *Zurich* et de *Lucerne* ou des *quatre cantons* (Vierwaldstädtersee.)

Le climat de la Suisse varie suivant les sites; l'air y est pur et sain. Les productions sont du blé, du vin, des fruits, des herbes salutaires et du bois. Les beaux pâturages, qui forment la principale richesse du pays, nourrissent de nombreux troupeaux de bêtes à cornes et de bétail. Les fromages, préparés dans les châlets des Alpes, sont très-recherchés. Les montagnes renferment des mines de fer, des carrières de marbre et de granit, et des sources minérales. La population est de plus de 2,000,000 d'habitants dont les uns professent la religion réformée et les autres la catholique. L'industrie manufacturière est très-grande en Suisse. L'allemand est la langue générale du pays; dans quelques cantons limitrophes de la France on parle le français, et l'italien dans le Tessin et dans une partie des Grisons.

La Suisse est une république fédérative, composée de 22 cantons, autrefois de 13, dont chacun a sa constitution particulière. La diète fédérale ou l'assemblée générale des députés de tous les cantons se tient alternativement à *Zurich*, *Bérne* et *Lucerne;* elle est présidée par le bourguemestre de l'un des trois cantons directeurs (Vororte), et règle tout ce qui concerne les affaires générales de la confédération. Les 22 cantons de la Suisse sont:

1. LE CANTON DE SCHAFFHAUSEN: *Schaffhausen*, sur le Rhin,

a des manufactures de bas et d'indiennes; 7,000 hab. La cataracte du Rhin, haute de 60 à 70 pieds, est dans son voisinage.

2. LE CANTON DE ZURICH: *Zurich*, sur le lac du même nom et sur la Limmat, a une université, des fabriques, surtout en soieries et fait le commerce. *Ulric Zwingli* y prêcha la réformation en 1519. Elle est la patrie de *Salomon Gessner* et de *Lavater;* 14,000 hab. *Winterthur*, ville industrieuse; 3,300 hab.

3. LE CANTON DE THURGOVIE (Thurgau): *Frauenfeld*, 2,000 hab.

4. LE CANTON D'ARGOVIE (Aargau): *Arau*, sur l'Aar, fabrique de la coutellerie; 5,000 hab. *Habsbourg*, château en ruines; le comte *Rodolphe de Habsbourg*, élu empereur d'Allemagne en 1273, est le fondateur de la maison d'Autriche. *Bade*, sur la Limmat, a des eaux thermales. *Zurzach*, sur le Rhin, foires célèbres.

5. LE CANTON DE BALE, divisé en *Bâle-ville* et *Bâle-campagne: Bâle* (Basel), sur le Rhin, université, ville très-commerçante; fabriques de rubans de soie et papeteries. La cathédrale renferme le tombeau d'*Érasme;* 15,000 h. *Liestal*, chef-lieu de Bâle-campagne; 2,000 hab.

6. LE CANTON DE SOLEURE: *Soleure* (Solothurn), sur l'Aar et au pied du Jura; 4,300 hab.

7. LE CANTON DE LUCERNE: *Lucerne*, sur le lac de ce nom et la Reuss, au pied du mont *Pilate;* entrepôt des marchandises qui passent en Italie par le St.-Gothard; 6,000 hab. *Sempach*, illustré par la victoire des Suisses sur les Autrichiens en 1386, dûe au dévouement d'*Arnold de Winkelried*.

8. LE CANTON DE ZUG: *Zug*, sur le lac du même nom; 3,000 hab. *Morgarten*, montagne célèbre par la victoire des Suisses sur les Autrichiens, en 1315.

9. LE CANTON DE SCHWITZ; il a donné son nom à tout le pays. *Schwitz*, 5,000 hab. *Einsiedlen* ou *Notre-Dame*

des Ermites, fameux pélérinage. *Brunnen*, bourg, où les trois cantons de Schwitz, d'Uri et d'Unterwalden firent une ligue en 1315. *Küssnacht*, bourg sur le lac de Lucerne et au pied du Rigi, montagne du sommet de laquelle on jouit d'une vue magnifique. C'est près de Küssnacht que *Guillaume Tell* tua l'avoyer *Gessler*.

10. LE CANTON DE S.ᵗ-GALL : *St.-Gall*, fabrique des mousselines et des toiles; 9,000 hab. *Pfeffers*, a des eaux thermales très-renommées.

11. LE CANTON D'APPENZELL : *Appenzell*, dans les Rhodes intérieurs ; 1,500 hab. *Hérisau*, dans les Rhodes extérieurs, fleurit par son commerce et ses fabriques; 7,000 h.

12. LE CANTON DE GLARUS ; il fournit le fromage vert, dit Schabzieger. *Glarus*, sur la Linth, a des fabriques d'indiennes et des blanchisseries; 4,000 hab.

13. LE CANTON D'URI ; une route ornée de beaux ponts sur la Reuss, et qui remplacent le vieux *pont du diable*, conduit à la haute *vallée d'Ursern*, au *St.-Gothard* et de là dans le Tessin. *Altorf*, bourg, non loin de l'endroit où la Reuss se jette dans le lac de Lucerne; 1,700 hab. La chapelle dite de *Tell* est bâtie sur le lieu du lac où *Tell* s'élança de la nacelle sur un rocher.

14. LE CANTON D'UNTERWALDEN : *Stanz*, grand bourg, sur le lac de Lucerne; 5,000 hab. Le *Rütli*, prairie au bord du lac, où les libérateurs de la Suisse jurèrent, en 1307, la première confédération.

15. LE CANTON DE BERNE, le plus grand et le plus puissant des cantons de la Suisse. Le gouvernement est démocratique. *Berne*, sur l'Aar, a une université, un gymnase, des fabriques et fait un commerce très-actif; 18,500 hab. *Hofwyl*, institut d'agriculture. *Thun*, sur le lac de ce nom et sur l'Aar; 4,000 hab. *Lauterbrunnen*, vallée très-fréquentée à cause de la cascade de *Staubbach*, dont la hauteur est de 925 pieds. La vallée de *Grindelwald*, renommée par ses glaciers.

Meyringen, dans la vallée de *Hasli*, célèbre par la cascade de *Reichenbach*. *Bienne* (Biel), 2,700 hab., sur le lac du même nom, qui renferme l'île charmante de *St.-Pierre*. *Porentruy* (Pruntrut), dans le ci-devant évêché de Bâle, 2,500 hab.

16. LE CANTON DE FRIBOURG : *Fribourg*, sur la Sane, ville entourée de hautes murailles et de tours, a un très-beau pont suspendu; 7,000 hab. *Morat* (Murten), sur le lac du même nom, célèbre par la défaite de *Charles le Hardi*, en 1476. Le charnier, détruit par les Français en 1798, a été remplacé par un obélisque. *Gruyères* fournit des fromages estimés.

17. LE CANTON DE VAUD (Waadtland) : *Lausanne*, près du lac de Genève, dans une contrée charmante, a une académie et fait le commerce de livres, d'ouvrages d'orfèvrerie et de joaillerie; 12,000 hab. *Vevay*, sur le lac de Genève, a des fabriques d'horlogerie et de quincaillerie; 4,000 hab. *Yverdun* (Ifferten), sur le lac de Neufchâtel, a des fabriques de toiles et de mousselines; 2,500 hab. *Grandson*, sur le lac de Neufchâtel, célèbre par la victoire des Suisses sur Charles le Hardi, en 1476.

18. LE CANTON DE NEUFCHATEL; quoique réuni à la Suisse, il appartient au roi de Prusse. Les habitants se distinguent par leur industrie. *Neufchâtel* (Neuenburg), sur le lac de ce nom, a des fabriques d'horlogerie et de toiles peintes; 5,000 hab. *La Chaud-de-fond*, 6,000 hab. et *Locle*, 4,500 hab., renommés par leurs ouvrages de mécanique et d'horlogerie.

19. LE CANTON DE GENÈVE : *Genève* (Genf), sur le lac du même nom et sur le Rhône; célèbre académie, beaucoup de fabriques d'horlogerie, de bijouterie et de toiles peintes; *Calvin* y introduisit la réformation en 1535; cette ville est la patrie de *J. J. Rousseau*, de *Bonnet*, de *Saussure* et de *Necker*; 28,500 hab. *Carouge*, sur l'Arve; 4,000 hab.

20. Le canton de Valais (Wallis); il forme une longue vallée traversée par le Rhône et entourée d'énormes chaines de montagnes. On distingue au nord le *Finster-aarhorn*, le *Schreckhorn*, le *pic de la Vierge*, la *Fourche*, au sud le *mont Rosa*, le *Simplon*, sur lequel passe la belle route qui conduit dans le Piémont et le grand *St.-Bernard*, avec l'hospice de moines charitables, situé sur une hauteur de 7,540 pieds, l'habitation la plus élevée de l'Europe. Parmi les habitants on trouve des *Cretins*. *Sion* (Sitten), près du Rhône, la seule ville du canton; 2,200 hab. *Leuck*, au pied du *Gemmi*, a des bains chauds. *Martigny* (Martinach) et *St.-Maurice*, non loin du Rhône, sont l'entrepôt des marchandises qu'on transporte en Italie par le St.-Bernard; près du dernier est la superbe cascade de *Pissevache*.

21. Le canton de Tessin, baigné par le Lac Majeur: *Lugano*, sur le lac du même nom, a des fabriques et fait le commerce de transit; 3,600 hab. *Bellinzona*, sur le Tessin, petite ville commerçante.

22. Le canton des Grisons (Graubünden), après Bern le plus grand des cantons, très-montueux; il est composé de la *Ligue grise* (graue Bund), de la *Ligue Ca-dée* (Gotteshausbund) et de la *Ligue des dix juridictions* (Bund der 10 Gerichte.) *Coire* (Chur), dans le voisinage du Rhin qui a ses sources dans ce canton, fait le commerce de transit; 4,500 hab.

ALLEMAGNE.

L'Allemagne (Deutschland), située au centre de l'Europe, est bornée à l'E. par la Prusse, la Pologne et la Hongrie; au S. par la Suisse et l'Italie; à l'O. par la France, la Belgique et la Hollande; au Nord par la Mer du nord, le Danemark et la Baltique. Elle a une étendue de 11,600 lieues carrées. Une suite de chaines de montagnes traverse l'Allemagne de l'est à l'ouest. Ce sont les *Sudètes*, dont la partie la plus haute est le *Riesengebirge* (*Schneekuppe* 5,000 p.), l'*Erzgebirg* avec la *Forêt de Bohème* (Böhmerwald), le *Fichtelgebirg* et quelques chaînes moins considérables. Au nord de ce système de montagnes l'Allemagne est plate; le *Harz* (*Brocken* ou *Blocksberg* 3,500 p.) interrompt seule cette vaste plaine, insensiblement inclinée vers le nord. La partie méridionale de l'Allemagne forme le bassin supérieur du Danube, limité à l'ouest par la *Forêt-noire* (Schwarzwald, cime : *Feldberg* 4600 p.) et au sud par les *Alpes* du Tyrol (*Orteler* ou *Ortelos* 12,000 p.), de l'Autriche (*Gross-Glockner* 11,000 p.) et de la Styrie. L'Allemagne est arrosée par un grand nombre de fleuves dont les principaux sont : le *Danube* (Donau), qui prend sa source dans la Forêt-noire près de Doneschingen ; il reçoit dans la Bavière le *Lech*, l'*Isar* et l'*Inn*, traverse l'Autriche, la Hongrie, la Turquie et se jette dans la Mer noire; le *Rhin*, qui vient de la Suisse, sépare l'Alsace de l'Allemagne, reçoit à Mannheim le *Neckar*, à Mayence le *Mein*, à Coblence la *Moselle* et va se jeter dans la Mer du nord; le *Wéser*, formé par la réunion de la *Werra* et de la *Fulde*, se décharge également dans la Mer du nord; l'*Elbe*, qui a sa source dans les Sudètes, reçoit la *Moldau* en Bohème, et se rend dans la même mer; l'*Oder*, qui prend sa source dans la Moravie, se jette dans la Baltique. Le lac de *Constance* entre l'Allemagne et la Suisse, est le plus grand lac du pays.

Le sol est en général fertile, à l'exception de quelques landes dans l'Allemagne septentrionale; le climat est tempéré. Les productions de l'Allemagne consistent en grains, vins, fruits, chanvre, lin, houblon, navette et garance. Ce pays nourrit beaucoup de bétail, possède de vastes forêts remplies de gibier, a des mines d'argent, de fer, de cuivre, de plomb, des eaux minérales et beaucoup de salines.

La population est de 36 millions d'ames. La religion catholique est professée dans une grande partie de l'Allemagne méridionale, et la religion protestante domine au nord. Le nombre des catholiques et des protestants est à peu près égal, et partout les deux communions ont le libre exercice de leur culte; les juifs y sont nombreux. Les arts et les sciences, l'industrie et le commerce fleurissent presque dans toutes les parties de l'Allemagne.

L'Allemagne est composée de 38 états plus ou moins grands, qui forment depuis 1815 la *Confédération germanique*, dont les intérêts communs sont traités à Francfort sur le Mein, où siége la diète.

Les états de la confédération germanique sont:

I. Les PAYS ALLEMANDS de l'Autriche. Voyez Empire d'Autriche.

II. Les PAYS ALLEMANDS de la Prusse. Voyez Prusse.

III. Le royaume de BAVIÈRE (Baiern), au S. de l'Allemagne, arrosé au sud par le *Danube* et ses affluents le *Lech*, l'*Isar* et l'*Inn* qui viennent du Tyrol, au nord par le *Mein* qui a sa source dans le *Fichtelgebirg* et se jette dans le *Rhin*. Les montagnes de la Bavière méridionale font partie des *Alpes*. La population est de 4 millions d'ames. Ce pays est divisé en 8 cercles.

1. Le cercle de l'Isar: *Munich* (München), sur l'Isar, capitale et résidence du roi, université, célèbre galerie de tableaux, fabriques de tapisseries, d'indiennes et beaucoup de brasseries; 78,000 hab. *Nymphenbourg*, château de plaisance. *Landshut*, sur l'Isar, à un très-haut clocher, 8,200 hab. *Reichenhall* a de riches salines.

2. Le cercle du Bas-Danube: *Passau*, ville forte, au confluent du Danube et de l'Inn; 11,000 hab.

3. Le cercle de la Regen: *Ratisbonne* (Regensburg), sur le Danube, autrefois le siége de la diète de l'empire; 23,000 hab. *Eichstœdt*, sur l'Altmühl; 7,500 hab.

4. Le cercle du Haut-Danube: *Augsbourg*, sur le Lech,

ville très-commerçante et manufacturière; 35,000 hab.
Les protestants y présentèrent leur confession de foi à
l'empereur *Charles-Quint* en 1530. *Hochstœdt*, célèbre par
la bataille de 1704, gagnée par Marlborough sur les
Français et les Bavarois. *Lindau*, petite ville, bâtie sur
trois îles du lac de Constance. *Memmingen*, autrefois
ville libre; 7,500 hab.

5. LE CERCLE DE LA RÉZAT: *Ansbach*, sur la Rézat, a
un beau château et quelques fabriques; 14,000 hab.
Nuremberg, sur la Pegnitz, fabrique beaucoup de mer-
cerie, de quincaillerie, de jouets d'enfants, et en fait
un grand commerce. Patrie d'*Albert Dürer*, célèbre peintre; *Pierre Hele* y inventa au commencement du 16.e
siècle les montres, appelées d'abord *œufs de Nuremberg*;
41,000 hab. *Furth*, ville manufacturière, non loin de
Nuremberg; les Juifs y ont une académie; 13,500 hab.
Schwabach a des fabriques d'aiguilles, d'indiennes et de
tabac; 7,600 hab. *Erlangen*, sur la Regnitz, université
protestante; 10,000 hab. *Nördlingen*, remarquable par
la défaite des Suédois en 1634; 6,000 hab.

6. LE CERCLE DU HAUT-MEIN: *Baireuth*, sur le Mein, a
des fabriques de tabac; 12,000 hab. *Bamberg*, sur la
Rednitz, non loin de sa jonction avec le Mein, a un
superbe château, des fabriques d'indiennes et de bonnes
brasseries; 20,000 hab.

7. LE CERCLE DU BAS-MEIN: *Würzbourg*, sur le Mein,
université catholique, superbe château; sa citadelle, appelée *Marienberg*, s'élève sur une montagne qui produit
le vin de *Stein* et de *Leiste*; 22,000 hab. *Aschoffenbourg*,
sur le Mein, fait le commerce en bois; 6,700 hab.
Schweinfurt, ville manufacturière, 6,000 hab.

8. LE CERCLE DU RHIN, sur la rive gauche de ce fleuve,
ou la *Bavière rhénane*, séparée de la France par la Lauter: *Spire* (Speier), sur le Rhin; 8,200 hab.; le nom
de protestants y prit naissance à la diète de 1529. *Deux-*

Ponts (Zweibrücken) a des mines de mercure; 7,200 h. *Landau*, forteresse de la confédération; 5,000 hab.

IV. LE ROYAUME DE WURTEMBERG, à l'O. de la Bavière, est un pays plus montagneux que plat, traversé par la *Forêt-noire* et par la *Rauhe Alp*, qui en est une branche, et arrosé par le *Neckar* et le *Danube*. Il abonde en grains, vins et fruits, et a une population de 1,400,000 ames. Il est divisé en 4 cercles.

1. LE CERCLE DU NECKAR: *Stuttgard*, capitale et résidence du roi; 32,000 hab. *Louisbourg* (Ludwigsburg), sur le Neckar, seconde résidence du roi, 9,500 hab. *Kannstadt*, 3,700 hab. et *Heilbronn*, 8,000 hab., sur le Neckar, villes industrieuses.

2. LE CERCLE DE LA FORÊT-NOIRE: *Reutlingen* a des fabriques de cuirs et de futaine; 10,000 hab. *Tübingue*, sur le Neckar, a une université protestante et une faculté de théologie catholique; 8,000 hab. *Calw*, dans une vallée de la Forêt-noire, ville manufacturière; 4,000 hab. *Freudenstadt*, sur un plateau de la Forêt-noire, a des forges; 3,200 hab.

3. LE CERCLE DE LA JAXT: *Ellwangen*, célèbre pélerinage; 2,800 hab. *Hall en Souabe*, a des salines; 6,000 h. *Mergentheim*, sur la Tauber, autrefois la résidence du grand-maître de l'ordre teutonique; 2,600 hab.

4. LE CERCLE DU DANUBE: *Ulm*, sur le Danube, qui y devient navigable; la navigation et le commerce de cette ville sont très-importants; 14,000 hab.

V. LA PRINCIPAUTÉ DE HOHENZOLLERN-HECHINGEN: *Hechingen*, résidence du prince; 2,400 hab.

VI. LA PRINCIPAUTÉ DE HOHENZOLLERN-SIGMARINGEN: *Sigmaringen*, sur le Danube, résidence du prince; 1,400 hab.

Ces deux principautés, enclavées dans le Würtemberg ont une population de 51,000 ames.

VII. LA PRINCIPAUTÉ DE LIECHTENSTEIN, au sud du

lac de Constance, n'a que 5,500 hab. *Liechtenstein*, autrefois *Vadutz*, en est le chef-lieu.

VIII. Le grand-duché de BADE, entre la Fôrêt-noire et le Rhin, qui le sépare de l'Alsace, est fertile, bien cultivé et riche en grains et en vins; sa population est de 1,200,000 ames. Il est divisé en 4 cercles.

1. Le cercle du Moyen-Rhin: *Carlsruhe*, capitale et résidence du grand-duc, ville moderne, bâtie depuis 1715, en forme d'éventail, a de nombreuses écoles; 20,000 h. *Durlach*, 4,300 hab., et *Pforzheim*, 6,000 hab., ont des fabriques. *Bruchsal*, beau château, salines; 6,000 hab. *Rastadt*, sur la Murg, superbe château, fabrique des ouvrages en acier; 4,000 hab. *Bade*, dans une vallée agréable, bains chauds très-renommés; 4,400 hab. *Offenbourg*, 3,500 hab. et *Lahr*, 5,800 hab., fabriquent du tabac.

2. Le cercle du Haut-Rhin: *Fribourg*, dans le Brisgau, université catholique, belle cathédrale gothique; 12,000 h.

3. Le cercle du Lac: *Constance*, sur le lac du même nom, à l'endroit où le Rhin en sort. Il s'y tint un célèbre concile en 1414; 5,500 hab. *Doneschingen*, résidence du prince de Fürstenberg; le Danube prend sa source dans la cour du château; 3,600 hab.

4. Le cercle du Bas-Rhin: *Mannheim*, au confluent du Rhin et du Neckar, beau château, fabriques de tabac; 22,000 hab. *Heidelberg*, sur le Neckar, université protestante; 11,000 hab. La belle route, dite *Bergstrasse*, y commence et va jusqu'à Darmstadt. *Schwetzingen*, bourg, avec un château et un béau jardin.

IX. Le grand-duché de HESSE, composé de deux provinces séparées par une partie de la Hesse électorale; il est pour la plupart montagneux mais fertile et compte 750,000 habitants. *Darmstadt*, capitale et résidence du grand-duc, avec un vaste château; 25,000 hab. *Giesen*, sur la Lahn; université protestante; 7,000 hab. *Offen-

bach, sur le Mein, à une lieue de Francfort, ville florissante par son industrie et son commerce ; 7,600 hab. *Mayence* (Mainz), au confluent du Rhin et du Mein, forteresse importante de la confédération germanique ; le fort de *Cassel* est situé sur la rive droite du Rhin. Les environs fournissent le vin du Rhin ; 34,000 hab. *Bingen*, au confluent du Rhin et de la Nahe; 4,400 hab. *Worms*, non loin du Rhin, a de beaux vignobles; 8,000 hab.

X. LE LANDGRAVIAT DE HESSE-HOMBOURG : *Hombourg*, non loin de Francfort sur-le-Mein, résidence du Landgrave ; 3,600 hab.

XI. LE GRAND-DUCHÉ DE LUXEMBOURG : voyez Hollande et Belgique, p. 81 et 84.

XII. LE DUCHÉ DE NASSAU, situé sur la rive droite du Rhin, pays montagneux mais très-fertile, abonde surtout en excellents vins et en eaux minérales. La population est de 355,000 ames. *Wiesbaden*, capitale, a des eaux thermales très-fréquentées ; 7,000 hab. *Biberich*, sur le Rhin, résidence ordinaire du duc. *Hochheim*, non loin du Mein, *Johannisberg* et *Rüdesheim*, dans le Rhingau, fameux par leurs bons vins du Rhin. *Selters*, *Langenschwalbach* et *Fachingen* ont des eaux minérales très-estimées.

XIII. L'ÉLECTORAT DE HESSE, a un sol plus montagneux que plat, en général rocailleux et d'une fertilité inégale ; sa population est de 650,000 ames. *Cassel*, sur la Fulde, capitale et résidence de l'électeur ; fabriques de lainage, de papiers peints et de tabac; la ville neuve a de superbes édifices modernes ; le musée renferme des antiques et d'autres collections précieuses ; 27,000 hab. *Wilhelmshöhe*, aux environs de Cassel, château de plaisance, avec des jardins magnifiques, des cascades et des jets d'eau d'une hauteur extraordinaire, et la statue colossale d'Hercule. *Marbourg*, sur la Lahn, a une université protestante; 8,000 hab. *Hanau*, sur le Mein, ville manufacturière et commerçante, construite en partie par des réfugiés français au 17.e siècle; 14,000 hab. *Fulde*, sur la rivière du même nom, a une belle cathédrale, avec le tombeau de *St.-Boniface*, 10,000 hab. *Schmalkalden*, célèbre par la ligue des protestants, en 1531; 5,000 hab.

XIV. La principauté de WALDECK, pays très-élevé et en grande partie pierreux, traversé par la forêt de *Teutobourg;* sa population est de 60,000 ames. *Arolsen*, résidence du prince; 2,000 hab. *Pyrmont* a des eaux minérales très-renommées; 6,000 hab.

XV. La principauté de LIPPE-DETMOLD a 81,000 habitants. *Detmold*, résidence du prince; 3,500 hab.

XVI. La principauté de LIPPE-SCHAUMBOURG a 26,000 habitants. *Bückebourg*, résidence du prince; 2,000 hab.

XVII. Le duché de SAXE-COBOURG-GOTHA a 158,000 habitants. *Cobourg*, capitale et résidence du duc; 8,500 h. *Gotha*, sur un bras de la Leine; célèbre bibliothèque; 13,000 hab.

XVIII. Le duché de SAXE-ALTENBOURG a 112,000 habitants. *Altenbourg*, capitale, près de la Pleisse, fabrique des étoffes; 12,000 hab. C'est du château d'Altenbourg que furent enlevés en 1455 les deux princes Ernest et Albert.

XIX. Le duché de SAXE-MEININGEN-HILDBOURG-HAUSEN a 137,000 habitants. *Meiningen*, sur la Werra, 3,500 hab. *Saalfeld*, sur la Saale, 4,000 hab.

XX. Le grand-duché de SAXE-WEIMAR, a 235,000 habitants. *Weimar*, capitale et résidence du duc; illustrée par le séjour des poètes Schiller, Göthe etc.; 10,000 h. *Iéna*, célèbre par son université et par la bataille de 1806, gagnée par les Français sur les Prussiens; 5,000 h. *Eisenach* a des fabriques considérables de lainage; 8,000 h. *Wartbourg*, près d'Eisenach, château sur une montagne, qui a servi d'asile à *Luther*, à son retour de Worms en 1521.

Ces quatre pays saxons sont en général fertiles, mais en grande partie montagneux, étant traversés par la Forêt de Thuringe.

XXI. LA PRINCIPAUTÉ DE SCHWARTZBOURG-SONDERS-HAUSEN : *Sondershausen*, dans une vallée agréable, résidence du duc; 3,600 hab.

XXII. LA PRINCIPAUTÉ DE SCHWARTZBOURG-RUDOL-STADT : *Rudolstadt*, sur la Saale, résidence du duc; 4,000 hab.

Ces deux principautés ont un sol en partie montagneux, en partie plat, et une population de 113,000 ames.

XXIII. LA PRINCIPAUTÉ DE REUSS, BRANCHE AINÉE : *Greitz*, sur l'Elster, résidence; 6,500 hab.

XXIV. LA PRINCIPAUTÉ DE REUSS, BRANCHE CADETTE : *Schleiz*, résidence; 5,000 hab. *Géra*, sur l'Elster, fabriques de lainage; 9,000 hab. La population de ces deux principautés est de 85,000 habitants.

XXV. LE ROYAUME DE SAXE, pays arrosé par l'*Elbe*, et florissant par son agriculture et son industrie. L'*Erzge-birg*, riche en argent, fer et cuivre, forme la limite du côté de la Bohème. Ce royaume, dont la population est de 1,450,000 ames, est divisé en 5 cercles.

1. LE CERCLE DE MISNIE : *Dresde*, sur l'Elbe, capitale et résidence du roi, une des plus belles villes de l'Allemagne; château royal qui contient la voûte verte, remplie d'objets précieux; galerie de tableaux; le palais japonais, avec un musée d'antiquités et une belle bibliothèque; l'église de la Croix, et la belle église catholique; 65,000 h. *Pillnitz*, château de plaisance sur l'Elbe. *Pirna*, sur l'Elbe, 5,000 hab. et *Königstein*, forteresse sur un rocher, haut de 1,400 pieds, dans la *Suisse saxonne*. *Meissen*, sur l'Elbe, célèbre par sa manufacture de belle porcelaine, la plus ancienne de l'Europe; 7,000 hab.

2. LE CERCLE DE LEIPZIG : *Leipzig*, sur l'Elster, centre du commerce saxon et de la librairie allemande. Cette ville est célèbre par son université, par ses foires et par la bataille de 1814 entre les Français et les alliés; 40,000 h.

3. LE CERCLE DE L'ERZGEBIRG : *Freyberg*, académie des mines, beau cabinet de minéralogie; mines d'argent dans son voisinage; 12,000 hab. *Chemnitz*, a d'importantes manufactures de coton; 16,000 hab.

4. LE CERCLE DU VOIGTLAND : *Plauen*, sur l'Elster, a des manufactures considérables; 8,000 hab.

5. LE CERCLE DE LA HAUTE-LUSACE (Oberlausitz): *Bautzen* ou *Budissin*, a des fabriques de lainage, de coton et de cuirs; 7,000 hab. *Herrenhut*, principal siége des frères Moraves, possède des fabriques.

XXVI. LE DUCHÉ D'ANHALT-DESSAU: *Dessau*, sur la Mulde, non loin de l'Elbe, capitale bien bâtie et résidence du duc; 10,000 hab. *Wörlitz*, petite ville près de l'Elbe avec un château et un beau parc. *Zerbst*, a des fabriques d'orfèvrerie; 8,000 hab.

XXVII. LE DUCHÉ D'ANHALT-BERNBOURG : *Bernbourg*, sur la Saale; 6,000 hab. *Ballenstædt*, au pied du Harz, résidence ordinaire du duc; 3,500 hab.

XXVIII. LE DUCHÉ d'ANHALT-CŒTHEN : *Cœthen*, résidence du duc; 5,500 hab.

Ces trois duchés, enclavés dans la province prussienne de Saxe, ont en grande partie un sol plat, fertile et bien cultivé, avec 140,000 hab.

XXIX. LE DUCHÉ DE BRUNSWICK, est traversé par le *Harz* au sud et plat au nord, mais en général fertile; on y compte 216,000 habitants. *Brunswick* (Braunschweig), capitale et résidence du duc, sur l'Ocker, a des fabriques, deux foires, et fait beaucoup de commerce; la bière qu'on y brasse est appelée *Mumme*; 36,000 hab. *Wolfenbüttel*, sur l'Ocker; 8,500 hab. *Helmstedt*, a des fabriques de produits chimiques; 6,400 hab.

XXX. Le royaume d'HANOVRE, au N. O. de l'Allemagne, appartient au roi d'Angleterre. Le sol y est plus plat que montagneux, en partie fertile, en partie maigre et aride. Le *Harz* s'étend au sud du pays, dont la population est de 1,660,000 ames. *Hanovre*, capitale, dans une plaine sablonneuse, sur la Leine; 24,000 hab. *Lünebourg* a de riches salines; 13,000 hab. *Celle* a des blanchisseries de cire et fait le commerce; 10,000 hab. *Hildesheim*, commerce en toiles et en fil; sa cathédrale renferme le piédestal de l'*Irmensäule*; 14,000 hab. *Goslar*, ville ancienne, a des brasseries renommées; 6,000 h. *Göttingue*, sur un bras de la Leine, célèbre université protestante, riche bibliothèque; 11,000 hab. *Münden*, au confluent de la Werra et de la Fulde; 8,000 hab. *Osnabrück* a des manufactures de tabac et de toiles; 12,000 hab., la paix de Westphalie y fut conclue en 1648. *Emden*, ville très-commerçante, à l'embouchure de l'Ems dans le golfe de Dollart; 12,000 hab. *Clausthal*, 8,600 hab. et *Andreasberg*, 4,000 hab., dans le Harz, ont des mines de plomb et d'argent.

XXXI. Le duché d'OLDENBOURG, entre le royaume d'Hanovre et la mer d'Allemagne, a un sol en partie gras et fertile, en partie sablonneux, et 260,000 habitants. *Oldenbourg*, sur la Hunte, résidence du duc; 7,000 hab. La seigneurie de *Kniphausen* est indépendante.

XXXII. Les duchés de HOLSTEIN et de LAUENBOURG : Voyez Danemark, p. 93.

XXXIII. Le grand-duché de MECKLENBOURG-SCHWÉRIN, avec 450,000 habitants. *Schwérin*, capitale, sur le lac de ce nom; 13,000 hab. *Ludwigslust*, résidence ordinaire du duc; 4,000 hab. *Rostock*, sur la Baltique, université et port; 18,000 hab. *Wismar*, ville et port sur la Baltique; 10,000 hab.

XXXIV. Le grand-duché de MECKLENBOURG-STRÉLITZ, avec 84,000 hab. *Neustrélitz*, résidence du grand-duc, bâtie en forme d'une étoile; 6,000 hab.

Ces deux grands-duchés, baignés par la Baltique, ont un sol plat, couvert de forêts, entrecoupé de lacs, de terrains tourbeux et de sable, mais en général fertile.

XXXV – XXXVIII. Les VILLES LIBRES :

1. *Lübeck*, sur la Trave, à 4 lieues de son embouchure dans la Baltique, ville de commerce et de manufactures ; 26,000 hab.

2. *Hambourg*, sur l'Elbe à 20 lieues de son embouchure, est la première ville de commerce de l'Allemagne. Elle est fortifiée, a beaucoup de raffineries de sucre et de fabriques ; 115,000 hab.

3. *Brême*, sur le Wéser, fait un commerce considérable et possède des fabriques de tabac et autres ; 43,000 h.

4. *Francfort*, sur-le-Mein, ville très-commerçante et siége de la diète germanique ; ses deux foires sont très-fréquentées ; les juifs y sont nombreux ; 47,000 hab.

EMPIRE D'AUTRICHE.

Les états de la monarchie autrichienne sont bornés à l'E. par la Turquie et la Russie ; au S. par la Turquie et l'Italie ; à l'O. par la Suisse et la Bavière ; au N. par la Saxe, la Prusse et la Russie. Ils forment ensemble une étendue d'environ 12,000 lieues carrées. Nous avons cité en parlant de l'Allemagne les *Alpes autrichiennes*, dont une branche s'étend à l'E. de la Mer adriatique, la *Forêt de Bohême* et le *Riesengebirge*. Les *Karpathes* (*Lomnitzer Spitze* 8,100 p.) sont la continuation orientale du système central de l'Allemagne ; elles embrassent la Hongrie au N. et à l'E. et en partie au S. Le principal fleuve est le *Danube* qui reçoit en Hongrie la *Drave*, la *Theiss* et la *Save*. L'*Elbe* prend sa source en Bohème et y reçoit la *Moldau* ; la *Vistule* (Weichsel) a sa source dans la Gallicie, traverse la Pologne et la Prusse et se jette dans la Mer baltique. Les États autrichiens sont fertiles en blé et en vin et nourrissent beaucoup de bestiaux ; le sel et les métaux abondent en plusieurs endroits.

La population de toute la monarchie est de 35 millions d'ames ; elle est composée d'Allemands, de Hongrois, de Polonais, d'Esclavons, d'Italiens etc. Les mœurs de ces nations diffèrent autant que leur langue. La religion catholique est la dominante dans l'empire d'Autriche, les autres religions ont cependant le libre exercice de leur culte ; on y compte environ 3 millions de protestants et 2 millions de grecs. Le gouvernement est une monarchie héréditaire, dont le souverain porte depuis 1804 le titre d'empereur d'Autriche ; il prend aussi celui de roi dans plusieurs de ses états.

Provinces allemandes, population 11,500,000 h.

I. L'ARCHIDUCHÉ D'AUTRICHE (Oesterreich), à l'E. de la Bavière, pays montagneux, arrosé par le *Danube,* mais fertile et bien cultivé. *Vienne* (Wien) sur le Danube, capitale de la monarchie autrichienne, et résidence de l'empereur, la plus grande ville de l'Allemagne, a 32 faubourgs, une université, un grand nombre de beaux palais et beaucoup de manufactures. Le palais impérial est appelé *Burg* ; l'église de *St.-Étienne* a une très-haute tour. Le commerce et la navigation sur le Danube ont une grande activité ; 310,000 hab. *Schœnbrunn,* château impérial, avec de magnifiques jardins. *Baden,* a des bains chauds. *Lintz,* sur le Danube, grande manufacture impériale de lainage ; 24,000 hab. *Salzbourg,* sur la Salza, ville forte, dans une position charmante entre trois montagnes ; le château, la cathédrale et la porte neuve ou de Sigismond percée à travers un rocher, sont de beaux monuments ; 11,000 hab. *Hallein,* sur la Salza, a de riches salines ; 5,000 hab. Le *Gross-Glockner* au S. de Hallein.

II. Le duché de STYRIE (Steiermark), au S. de l'archiduché, est très-montagneux et riche en mines de fer. *Grœtz*, capitale bien bâtie, sur la Mur, a des fabriques considérables en fer, acier et coton; 40,000 h.

III. Le royaume d'ILLYRIE, s'étend au S. de la Styrie jusqu'à la Mer adriatique; pays également très-montagneux. *Klagenfurt*, dans la Carinthie (Kärnten), a des manufactures de draps et de céruse; 19,000 hab. *Laybach*, dans la Carniole (Krain), fait le commerce de soie; 12,000 hab. *Zirknitz*, bourg, près du lac remarquable du même nom. *Idria* possède des mines de vif-argent; 4,000 hab. *Goritz* (Görz), dans le Frioul, sur l'Isonzo, a des fabriques de soieries et de cuirs; 9,000 h. *Trieste*, dans l'Istrie, ville très-commerçante et port franc sur la Mer adriatique, possède des raffineries de sucre et des fabriques de rossolis; 50,000 hab.

IV. Le comté du TYROL, pays très-élevé et montagneux, traversé par les Alpes, dont l'*Orteler*, haut de 12,000 pieds, est la cime principale. *Innspruck*, sur l'Inn, capitale du Tyrol, située entre des montagnes très-hautes; 11,000 hab. *Hall*, sur l'Inn qui y devient navigable, a de riches salines; 4,500 hab. *Kuffstein*, sur l'Inn, forteresse importante sur un rocher. *Bolzano* (Botzen), sur l'Eysack, a des manufactures de soieries et des foires très-fréquentées; 7,000 hab. *Trente* (Trient), sur l'Adige, avec des fabriques considérables en soie; 12,000 hab. Cette ville est célèbre par le concile qui s'y tint de 1545 à 1563. *Roverédo*, sur l'Adige; la filature de soie y est une branche importante de l'industrie; 7,000 h.

V. Le royaume de BOHÈME (Böhmen), au N. de l'Autriche. Les *Sudètes*, l'*Erzgebirg* et la *Forêt de Bohème*, entourent de tous côtés ce royaume; il est arrosé par l'*Elbe* et la *Moldau*. Ce pays très-élevé, mais en grande partie plat dans l'intérieur, est fertile en blé, fruits et houblon; ses mines renferment des pierres précieuses, de l'argent, de l'étain et du plomb. On fabrique en Bohême beaucoup de toiles et du verre estimé. Sa population est de 3,300,000 ames. *Prague*, capitale très-forte sur la Moldau, une des plus grandes villes de l'Allemagne. Elle a beaucoup de palais, une belle cathédrale, avec le superbe mausolée de *St.-Népomucène*, une université, des manufactures importantes, et fait un grand commerce; 120,000 hab. Aux environs de cette ville est le *Hradschin*, magnifique château sur une montagne et le *Weisseberg*, célèbre par la défaite de l'électeur palatin *Frédéric* V, en 1620. *Reichenberg*, sur la Neisse, la ville la plus importante après Prague, a des fabriques de draps, de toiles et de bas; 12,000 hab. *Töplitz* et *Carlsbad*, ont des bains chauds très-renommés. *Sedlitz* et *Seidschütz*, villages, connus par leurs eaux amères, dont on extrait le sel purgatif qui porte leur nom. *Joachimsthal*, auprès de l'Erzgebirg, avait autrefois de riches mines d'argent; 4,400 hab. *Eger*, sur la rivière du même nom, ville forte où *Wallenstein* fut assassiné en 1634; 9,500 h. *Pilsen*, jolie ville, avec des manufactures de draps, 9,000 hab. *Tabor*, bâtie sur une montagne par les Hussites, en 1420; 4,000 hab.

VI. La MORAVIE (Mähren), avec la SILÉSIE AUTRICHIENNE (Oesterreichisch Schlesien), à l'E. de la Bohême; pays en grande partie montagneux, couvert de forêts, rempli de marais, mais en général fertile. Il est arrosé par la *Morava*, qui se perd dans le Danube. Les frères moraves, descendants des Hussites, ont pris naissance dans cette province. *Brünn*, capitale de la Moravie, est très-bien bâtie et fortifiée, a des manufactures de draps fins, et fait un commerce très-actif; 36,000 h. Près de Brünn est le *Spielberg*, prison d'état. *Austerlitz*, petite ville, célèbre par la victoire remportée par les Français sur les Autrichiens et les Russes, en 1805. *Ollmütz*, sur la Morava, ville très-forte, autrefois la capitale de la Moravie, commerce en toiles ; 15,000 h. *Trop-pau*, sur l'Oppa, capitale de la Silésie autrichienne ; elle est fortifiée et a des manufactures de draps ; 12,000 h.

Province ci-devant polonaise.

VII. LE ROYAUME DE GALLICIE avec la *Bukowine*, à l'E. de la Moravie et séparé de la Hongrie par les Karpathes. C'est un pays en général plat, arrosé par la *Vistule* et par le *Dniester* qui y prend sa source, et entre-coupé de beaucoup de marais. Il abonde en blé, bois, bestiaux, miel et surtout en sel de roche. Sa population est de 4,500,000 ames. Les juifs y sont très-nombreux. *Lemberg*, capitale sur le Peltew, a une université, plusieurs fabriques, et fait un grand commerce en cuirs ; 54,000 habitants, dont le tiers est juif. *Brody*, ville commerçante, non loin de la frontière de la Russie, avec 20,000 habitants, dont les trois quarts sont juifs. *Wié-liczku*, petite ville, fameuse par ses mines de sel.

Provinces hongroises, population 12 millions d'ames.

VIII. LE ROYAUME DE HONGRIE (Ungarn), au S. de la Gallicie, dont il est séparé par les monts *Karpathes.* Le principal fleuve est le *Danube*, qui y reçoit la *Theiss*, la rivière la plus poissonneuse de l'Europe. Au N. de la Hongrie, le sol est montagneux et le climat froid et sain ; la partie méridionale est plate et contient une quantité de marais, dont les exhalaisons rendent l'air malsain ; parmi les lacs nombreux nous distinguons celui de *Neusiedler*, et celui de *Balaton* ou *Platten*. La Hongrie est extrèmement fertile ; elle produit en abondance du blé, et nourrit beaucoup de bestiaux ; les vins, surtout celui de Tokai, sont excellents ; les mines renferment de l'or, de l'argent, du cuivre d'une qualité supérieure, du sel et d'autres minéraux. La population est de 9,000,000 d'habitants, qui professent les trois communions chrétiennes. On divise la Hongrie en deux parties.

1. LA BASSE-HONGRIE, ou la partie occidentale : *Presbourg*, sur le Danube, non loin de la frontière d'Autriche, capitale du royaume ; 38,000 hab. *Ofen* ou *Bude*, ville très-forte, sur la rive droite du Danube ; jadis la résidence des rois de Hongrie, fait le commerce de vin ; 22,000 hab. *Pesth*, vis-à-vis d'Ofen, sur la rive gauche du Danube, est la ville la plus commerçante du pays ; elle a une université et des fabriques de tabac et de cuirs ; 70,000 hab. *Kecskemet* a des fabriques de savon et de cuir, fait le commerce en vins et en bestiaux ; 32,000 hab. *Stuhlweissenbourg*, ville où jadis les rois de Hongrie étaient couronnés ; 19,000 hab. *Thérésienstadt* fabrique de la toile, et fait le commerce en productions du pays ; 40,000 hab. *Comorn*, forteresse dans une île du Danube ; 19,000 hab. *Raab*, sur le Danube ; 16,000 hab. *Oedenbourg*, non loin du lac de Neusiedler, fait un grand commerce ; 12,000 hab. *Kremnitz*, 5,500 hab. et *Schemnitz*, 17,000 hab., renommés par leurs mines d'or et d'argent.

2. LA HAUTE-HONGRIE, ou la partie orientale : *Erlau* fait le commerce de vin ; 18,000 hab. *Tokai*, bourg, sur la Theiss, renommé par son excellent vin. *Debreczyn* fabrique du savon, des pipes de terre, et fait un grand commerce ; 42,000 hab. *Szegedin*, ville forte, au confluent de la Theiss et du Marosch, a des fabriques de tabac et fait le commerce en productions du pays ; 32,000 hab. *Temeswar*, forteresse importante, sur le Temès, dans une contrée marécageuse ; 13,000 hab.

IX. LA TRANSYLVANIE (Siebenbürgen), grande principauté au S.-E. de la Hongrie ; elle est montagneuse, couverte de forêts et fertile ; sa population est de 1,700,000 ames. *Clausenbourg*, capitale avec une citadelle; 18,000 hab. *Hermannstadt;* non loin de l'Aluta; 16,000 hab., dont beaucoup sont Bohémiens. *Kronstadt*, la ville la plus grande et la plus commerçante du pays; 30,000 h.

X. L'ESCLAVONIE, au S. de la Hongrie, entre le Danube, la Drave et la Save; pays montagneux, rempli de marais, très-fertile, mais mal cultivé et peu peuplé. *Esseck*, capitale et forteresse sur la Drave, dans une contrée marécageuse; 9,300 hab.

XI. La CROATIE, à l'O. de l'Esclavonie, s'étend jusqu'à la Mer adriatique; pays montagneux et peu cultivé. *Agram*, capitale très-forte, non loin de la Save, 18,000 hab. *Warasdin*, ville forte sur la Drave; 7,800 hab. *Fiume*, ville industrieuse, commerçante, et port franc sur la Mer adriatique; 7,600 hab.

XII. La DALMATIE, au S. de la Croatie, le long de la Mer adriatique. L'intérieur de ce pays est montagneux et la côte plate. *Zara*, ville fortifiée et port sur la Mer adriatique; 6,400 hab. *Spalatro*, la plus grande ville de la Dalmatie, bon port; 10,000 hab. *Raguse*, ville forte et port, jadis la capitale de la république du même nom; 8,000 hab.

XIII. Les CONFINS MILITAIRES (Militairgränze) province étroite le long des limites de la Turquie. Les habitants des confins sont soumis au service militaire contre les Turcs, qui autrefois faisaient de fréquentes incursions dans les provinces hongroises. *Semlin*, au confluent du Danube et de la Save, vis-à-vis de Belgrade; centre du commerce entre Vienne et Constantinople; 8,400 hab. *Peterwardein*, place très-forte sur le Danube; 4,000 hab. Ces deux villes sont situées sur la frontière de l'Esclavonie.

Provinces italiennes.

XIV. Le royaume LOMBARD-VÉNITIEN. Voyez Italie p. 43.

MONARCHIE PRUSSIENNE.

Cet état s'étend depuis les frontières de la Russie jusqu'à celles de la France. Il a une superficie de 5,000
lieues carrées.

La Prusse (Preussen) est un pays plat, en partie sablonneux. Elle forme deux grandes parties, séparées l'une
de l'autre par le Hanovre, le Brunswick et la Hesse. Les
Sudètes la séparent de la Bohème, le *Harz* du Hanovre.
Le *Rhin*, l'*Elbe* et l'*Oder*, fleuves nommés dans la
description de l'Allemagne, traversent la Prusse; il faut
y ajouter la *Vistule* (Weichsel) qui vient de la Pologne
et se jette dans la Mer baltique. Les productions sont
celles de l'Allemagne. Le nombre des habitants se monte
à 13 millions, dont 10 dans les provinces allemandes
et 3 dans les états hors de l'Allemagne. On y professe
la religion protestante, qui est celle de la majorité, et
la catholique. Le gouvernement est une monarchie héréditaire.

États Prussiens hors de l'Allemagne.

I. La province de la **PRUSSE ORIENTALE**, située à
l'O. de la Russie et baignée par la Baltique, qui y communique avec deux golfes dits le *Curisch-Haff* et le
Frisch-Haff. Les deux principaux fleuves sont le *Mémel*
ou le *Niémen*, et le *Prégel*; le premier se jette dans
le Curisch-Haff, et le second dans le Frisch-Haff. Le
climat est tempéré; sur les côtes l'air est humide.
Cette province, dont le sol est plat, renferme beaucoup de lacs et de forêts, produit du blé, du chanvre, du lin, et nourrit beaucoup de bestiaux. La pêche
y est très-abondante; l'ambre jaune se recueille sur les
côtes et quelquefois dans le sable de la mer. *Königsberg*,
jadis la capitale du royaume de Prusse, non loin de
l'embouchure du Prégel, est fortifiée, a une université,

des fabriques de lainage, et fait un commerce considérable; 68,000 hab. *Pillau*, port, à l'entrée du Frisch-Haff. *Tilsit*, sur le Mémel, célèbre par la paix de 1807, entre la France, la Russie et la Prusse; 12,000 hab. *Mémel*, la ville la plus septentrionale de la Prusse, à l'entrée du Curisch-Haff; 8,000 hab.

II. LA PROVINCE DE LA **PRUSSE OCCIDENTALE**, arrosée par la *Vistule* qui se jette en partie dans la Baltique, en partie dans le Frisch-Haff. *Dantzig*, capitale très-forte, sur la Vistule, à quelque distance de son embouchure; bon port, distilleries d'eau-de-vie, différentes fabriques, grand commerce, surtout en blé, eau-de-vie et bois de construction; 61,000 hab. *Elbing*, non loin du Frisch-Haff, ville très-commerçante; 22,000 hab. *Marienbourg*, sur un bras de la Vistule, 5,400 hab. *Graudenz*, forteresse, sur la Vistule; 9,000 hab. *Thorn*, ville forte et commerçante sur la Vistule; patrie du célèbre astronome *Copernic*; 10,000 hab.

III. LA PROVINCE DE **POSEN**, autrefois partie de la Pologne, au S. de la Prusse occidentale. Elle est arrosée par la *Wartha*, a un sol sablonneux et beaucoup de lacs. *Posen*, capitale, sur la Wartha; 26,000 hab. *Lissa* fabrique beaucoup de draps; 7,700 hab. *Gnésen*, ville ancienne où se tient tous les ans un grand marché de bétail; 6,000 hab.

États Prussiens dans l'Allemagne septentrionale.

IV. LA PROVINCE DE **BRANDENBOURG**, au centre de la monarchie prussienne, et à l'O. de la province de Posen. Le sol en est plat, sablonneux et d'une fertilité médiocre; l'*Elbe* et l'*Oder* en sont les principaux fleuves. La forêt dite *Spreewald* est remplie de marais. *Berlin*, capitale de la monarchie prussienne et résidence du roi, sur la Sprée, la seconde ville de l'Allemagne et une des plus belles de l'Europe. On remarque le château royal, l'opéra, l'arsenal, l'hôtel des invalides et plusieurs belles églises. Elle a une université, des fabriques de draps, de coton, de soie, de fonte de fer et de porcelaine; 250,000 hab. *Potsdam*, sur la Havel, a un château royal, une manufacture d'armes à feu, et une grande maison pour les orphelins militaires; 31,000 h. Tout près est *Sans-Souci*, château royal qui était le séjour favori de Frédéric II. *Brandebourg*, sur la Havel, a des fabriques de lainage, de toiles et de cuirs; 12,500 hab. *Spandau*, au confluent de la Sprée et de la Havel, ville forte, avec une citadelle et une manufacture d'armes; 5,500 hab. *Francfort*, sur l'Oder, a des fabriques de faïence et trois foires. On y voit le monument du duc *Léopold de Brunswick*; 17,000 hab. *Küstrin*, place très-forte, au confluent de la Wartha et de l'Oder, est entourée de marais; 5,000 hab.

V. La province de POMÉRANIE (Pommern), le long de la Baltique, est traversée par l'*Oder*, a un sol bas, en partie sablonneux, en partie gras et fertile. *Stettin*, capitale bien fortifiée sur l'Oder, fait un grand commerce sur mer; 28,000 hab. *Greifswalde*, non loin de la Baltique, a une université; 8,500 hab. *Colberg*, place forte et port sur la Baltique, 6,000 hab. *Stralsund*, ville et port sur le détroit qui sépare le continent de l'île de *Rügen*, située dans la Baltique; 16,000 hab. Les îles d'*Usedom* et de *Wollin* devant l'embouchure de l'Oder.

VI. La province de SILÉSIE (Schlesien), séparée de la Bohème par les Sudètes, dont la *Schneekuppe* est la cime la plus élevée, est traversée dans toute sa longueur par l'*Oder*. Le sol y est très-fertile et bien cultivé. *Breslau*, capitale, sur l'Oder, université catholique et protestante, beaucoup de fabriques, grand commerce, surtout en toiles; 92,000 hab. *Brieg*, sur l'Oder, a des manufactures de draps et de toiles; 11,000 hab. *Schweid-*

nitz, jadis forteresse, a de bonnes manufactures; 10,000 h. *Glatz* sur la Neisse, ville très-forte; 8,500 hab. *Liegnitz,* sur la Katzbach, possède des fabriques; 10,000 hab. *Neisse*, sur la rivière du même nom, a une manufacture d'armes; 10,000 hab. *Oppeln*, sur l'Oder, chef-lieu de la Haute-Silésie; 6,000 hab. *Görlitz*, sur la Neisse, ville industrieuse; 11,000 hab. *Glogau*, sur l'Oder, ville très-forte; 11,000 hab.

VII. La province de SAXE, au S. et S.-O. de celle de Brandebourg; elle est arrosée par l'*Elbe*, et a un sol pour la plupart plat et fertile. *Magdebourg*, capitale et forteresse importante sur l'Elbe, possède des fabriques et fait un commerce considérable; 40,000 hab. *Otton de Guériké* y inventa la machine pneumatique en 1650. *Halberstadt* a des fabriques de lainage, de toiles et de cuirs; 18,000 hab. *Quedlinbourg* fabrique des étoffes de laine; patrie de *Klopstock*; 12,000 hab. *Eisleben*, petite ville, où naquit *Luther* en 1483; 7,000 hab. *Halle*, sur la Saale, a des salines; université, grande maison des orphelins, fondée par *Auguste - Hermann Franké*; 25,000 hab. *Mersebourg*, sur la Saale, a de bonnes brasseries. *Henri l'Oiseleur* y défit les Hongrois en 933; 8,600 hab. *Naumbourg*, sur la Saale, fabrique des étoffes de laine; 10,000 hab. On y célèbre annuellement une fête en mémoire des enfants qui, en 1432, obtinrent la grâce de la ville, de *Procope*, général des Hussites. *Lützen*, petite ville, célèbre par la bataille de 1632, dans laquelle fut tué *Gustave Adolphe*, roi de Suède, et par la victoire des Français sur les Russes et les Prussiens, en 1813. *Wittenberg*, sur l'Elbe, ville forte, où *Luther* commença la réformation en 1517; monument de Luther; 7,000 hab. *Erfurt*, sur la Géra, dans la Thüringe, ville forte qui a plusieurs fabriques; 25,000 h. *Langensalza*, sur la Salza; 6,700 hab. *Mühlhausen*, sur l'Unstrut, 10,000 hab. et *Nordhausen*, sur la Zorge, 10,000 hab., villes industrieuses.

États Prussiens dans l'Allemagne occidentale.

VIII. LA PROVINCE DE WESTPHALIE, au S. du royaume d'Hanovre. Elle est arrosée par le Wéser, a un sol en partie plat et sablonneux, en partie montagneux, étant traversé par le *Wésergebirg* et la forêt de *Teutobourg*, où *Arminius* défit les légions romaines, commandées par *Varus*, l'an 10 après J.-Ch. *Münster*, sur la rivière d'Aa, non loin de l'Ems, fait le commerce de toiles; faculté de théologie catholique; 22,000 hab. *Jean Bockhold*, chef des anabaptistes, y établit en 1533 le siége de son royaume, et en 1648 y fut conclu le traité de Westphalie. *Minden*, ville forte, sur le Wéser; 7,700 hab. *Bielefeld*, fait le commerce de toiles, et a des blanchisseries; 5,000 hab. *Paderborn*, sur la rivière de Pader, qui prend sa source au-dessous de la cathédrale; 6,000 h. *Isérlohn*, ville industrieuse, fabrique surtout des ouvrages de serrurerie; 6,000 hab.

IX. LA PROVINCE DE CLÈVES ET BERG, à l'O. de celle de Westphalie, traversée par le Rhin qui la partage en deux parties, dont la moitié occidentale est pour la plupart plate, et la partie orientale montagneuse; l'industrie manufacturière y est très-grande. *Düsseldorf*, au confluent de la Düssel et du Rhin, a de belles collections scientifiques, beaucoup de fabriques, et fait un commerce actif; 30,000 hab. *Solingen* fabrique de la coutellerie et d'autres ouvrages en fer. *Elberfeld*, ville manufacturière et très-commerçante, 30,000 hab. *Remscheid*, près d'Elberfeld, principal siége de l'industrie manufacturière en fer de la province de Berg. *Barmen*, dans le Wipperthal, vallée animée par de nombreuses filatures, blanchisseries etc.; 26,000 hab. *Créfeld*, a des manufactures importantes, surtout en soieries et en velours; 13,000 hab. *Wésel*, forteresse, au confluent de la Lippe et du Rhin; 11,000 hab. *Clèves*, non loin du Rhin, avec lequel elle communique par un canal; 7,500 hab. *Cologne* (Köln), ville très-ancienne, sur la rive gauche du Rhin; elle a une belle cathédrale gothique, dont le clocher colossal est inachevé, et où l'on conserve de nombreuses reliques; possède des fabriques de draps et d'épingles, des filatures de coton, et fait un grand commerce par son port franc, surtout en vins et en eau de senteur, dite de Cologne; les bateaux à vapeur de cette ville remontent le Rhin jusqu'à Strasbourg, et descendent jusqu'à Amsterdam; 63,000 h. *Bonn*, sur le Rhin, avec une université catholique et protestante; 12,000 hab.

X. LA PROVINCE DU BAS-RHIN, à l'O. et au S. de la précédente; elle est arrosée par le Rhin et la Moselle, a un sol plus montagneux que plat, mais fertile, à l'exception de la chaîne du *Hundsrück*, sur la rive gauche du Rhin. Cette province forme avec la précédente la *Prusse rhénane* (Rheinpreussen). *Aix-la-Chapelle* (Aachen), ville ancienne, jadis la résidence de beaucoup d'empereurs d'Allemagne, a des eaux thermales, des fabriques de draps et d'aiguilles; sa cathédrale renferme différentes reliques et le tombeau de *Charlemagne*; 37,000 hab. *Juliers* (Jülich), petite ville et forteresse sur la Roër. *Coblence*, ville fortifiée au confluent du Rhin et de la Moselle, fabrique des marchandises de tôle vernissée, et fait le commerce de vins; 16,000 hab. *Neuwied*, ville industrieuse, non loin du Rhin, habitée par beaucoup de frères moraves; 5,000 hab. *Trèves* (Trier), sur la Moselle, ville ancienne, fait le commerce de vins; 14,000 hab. *Saarlouis*, sur la Saar, ville forte; 4,400 h. *Saarbrück*, sur la Saar, fabrique de la porcelaine et des ouvrages en fer et en acier; 7,000 hab.

Province Suisse.

XI. LA CANTON DE NEUFCHATEL, voyez p. 54.

HOLLANDE.

Depuis l'an 1815 la Hollande formait avec la Belgique le royaume des *Pays-bas* (Niederlande) ; elle en a été de nouveau séparée en 1831. Elle est bornée au N. et à l'O. par la Mer d'Allemagne, au S. par la Belgique, à l'E. par l'Allemagne, et a une étendue de 570 lieues carrées. Le sol est plat, couvert de marais, en quelques endroits même plus bas que la mer; des digues et des dunes le garantissent contre les inondations de celle-ci. Le *Zuydersée*, grand golfe de la Mer du nord, paraît ne s'être formé en partie que dans le moyen âge; le *Dollart* est un golfe moins considérable. Le *Rhin*, parvenu dans la Hollande, n'envoie qu'une faible partie de ses eaux dans la Mer du nord; il se partage en quatre bras, dont deux, l'*Yssel* et le *Vecht* se rendent dans le Zuydersée; le *Waal* et le *Leck* se réunissent à la *Meuse* (Maas), qui se jette dans la Mer d'Allemagne par plusieurs vastes embouchures. Les bouches de l'*Escaut* (Schelde) se trouvent également dans le royaume de Hollande. Le pays est d'ailleurs sillonné par de nombreux canaux.

Le climat est en général humide, nébuleux et variable. Des fruits, de belles fleurs, du tabac, de la garance et de la tourbe sont les productions de ce pays, dont les gras pâturages nourrissent de nombreux et magnifiques troupeaux. La population est de 2,670,000 ames Les Hollandais sont réformés; mais toutes les religions ont le libre exercice de leur culte; l'industrie manufacturière, le commerce par terre et sur mer, de même que la pêche dans les mers éloignées, y sont d'une grande importance. Le gouvernement est une monarchie héréditaire. Le fils aîné du roi porte le titre de *prince d'Orange*. On divise le royaume de Hollande en 11 provinces.

I. La PROVINCE DE HOLLANDE, la plus grande et la

plus peuplée, a donné son nom à tout le royaume. *Amsterdam*, capitale du royaume, située sur l'Y, bras du Zuydersée, et sur la rivière d'Amstel, qui communique avec le Rhin; une des villes les plus commerçantes de l'Europe. Un grand nombre de canaux, dont les quais sont en partie plantés d'arbes, la coupent et forment 90 îles; la plupart des maisons sont bâties sur pilotis. Elle a un superbe hôtel de ville, des églises et des oratoires de toutes les confessions, beaucoup d'établissements pour les arts et les sciences, un grand nombre de fabriques et un vaste port. Parmi les 206,000 habitants, il y a 17,000 juifs. *Harlem*, non loin de la mer ou du golfe de ce nom, a des blanchisseries et fait le commerce d'oignons de fleurs; statue de *Laurent Coster*, auquel les Hollandais attribuent l'invention de l'imprimerie; 21,000 hab. *Leyde*, sur le Rhin, a une université et des manufactures de draps; 35,000 hab. *La Haye* (Haag), résidence du roi; ses rues sont larges et le nombre des belles maisons et des palais est grand; 57,000 hab. *Delft* fabrique du tabac, et a des distilleries d'eau-de-vie; 15,000 hab. *Gouda* possède beaucoup de fabriques de pipes de terre; 13,000 hab. *Rotterdam*, au confluent de la Rotte et de la Meuse, ville très-commerçante et manufacturière; patrie d'*Érasme*; 73,000 h. *Dortrecht*, dans une île, formée par la Merve et le golfe du *Biesbosch*, fait un grand commerce en bois; 20,000 h. *Zaardam*, le plus grand village de la Hollande, avec 700 moulins à vent; on y voit la maison qu'habitait *Pierre le Grand*, lorsqu'en 1697 il y apprit la construction des vaisseaux; 10,000 hab. *Bröck*, dans le Waterland, village dont les habitants sont renommés par leur propreté minutieuse. *Alkmaar*, ville assez fortifiée, fait un grand commerce en beurre et en fromage; 9,000 h. *Texel*, île à l'extrémité septentrionale de la Hollande, a une bonne rade.

II. La province de ZÉELANDE, composée d'îles formées par les embouchures de l'Escaut. *Middelbourg*, ville forte et très-commerçante, dans l'île de Walcheren ; 15,000 hab. *Flessingue* (Vliessingen), ville forte et port, dans la même île, à l'embouchure de l'Escaut occidental ; 8,000 hab.

III. La province d'UTRECHT : *Utrecht*, sur le Rhin et la Vecht, avec une université et des fabriques de draps ; 44,000 hab. C'est dans cette ville que les sept Provinces-Unies des Pays-bas firent leur traité d'union contre l'Espagne en 1579.

IV. La province de GUELDRE : *Arnheim*, place forte et port où l'Yssel se sépare du Rhin ; 14,000 hab. *Nimègue* (Nymwegen), ville forte sur le Waal, fait le commerce ; 17,800 hab.

V. La province d'OBER-YSSEL : *Zwolle*, ville fortifiée, fait un commerce actif ; 16,000 hab. *Deventer*, ville forte, sur l'Yssel ; 14,000 hab.

VI. La province de DRENTHE : *Assen*, gros bourg.

VII. La province de FRISE (Friesland) : *Leuwarden*, ville forte, entrecoupée de canaux qui facilitent son commerce ; 21,000 hab.

VIII. La province de GRŒNINGUE : *Gröningue*, ville forte et commerçante, a une université ; 30,000 hab.

IX. La province de BRABANT SEPTENTRIONAL : *Bois-le-Duc* (Herzogenbusch), ville fortifiée qui possède des fabriques, dont celles de rubans de lin sont les plus importantes ; 20,000 hab. *Bréda*, 13,500 hab., et *Berg-op-Zoom*, 7,500 hab., villes fortes.

X. Une partie de la province de LIMBOURG : *Mœstricht*, ville très-forte sur la Meuse, fabrique des cuirs ; la citadelle est bâtie sur le mont *St.-Pierre*, qui renferme de vastes carrières remplies de pétrifications ; 22,000 hab.

XI. La moitié du grand-duché de LUXEMBOURG, qui fait partie de l'Allemagne : *Luxembourg*, forteresse im portante de la Confédération germanique, commerce en fer; 11,000 hab.

COLONIES HOLLANDAISES:

En Amérique: la *Guyane hollandaise* et quelques-unes des petites Antilles;

en Australie: *Java*, une partie de *Sumatra* et des *Moluques*.

BELGIQUE.

La Belgique, séparée de la Hollande depuis 1831, est bornée à l'O. par la Mer du nord, au S. par la France, à l'E. par l'Allemagne et au N. par la Hollande; elle a une étendue de 580 lieues carrées. Cè pays est presque partout plat; les *Ardennes* au sud sont la seule chaîne de montagnes remarquable. L'*Escaut* (Schelde), qui a sa source en France, traverse la Belgique occidentale et se jette par deux larges embouchures dans la Mer du nord. La *Meuse* (Maas), qui a également sa source en France, reçoit la *Sambre* à Namur, l'*Ourte* à Liége et passe dans le royaume de Hollande. Le sol est généralement fertile et bien cultivé; il produit en abondance du blé, de la navette, du chanvre et du lin estimé, et renferme des mines de fer, de la houille et de belles carrières de marbre. La population est de 3,500,000 habitants, presque tous catholiques. La langue nationale est la française; le flamand n'est usité que dans quelques provinces. La principale fabrication est celle de la toile et de la dentelle. La Belgique est depuis 1831 un royaume constitutionnel; elle est divisée en 9 provinces.

I. Le BRABANT MÉRIDIONAL: *Bruxelles* (Brüssel), résidence du roi, autrefois la capitale des Pays-Bas autrichiens, une des plus belles villes de l'Europe, possède des fabriques de dentelles très-renommées, de galons d'or et d'argent, d'indiennes, d'étoffes de laine et de soie et fait un grand commerce ; 98,000 hab. *Lœken*, superbe château royal, non loin de Bruxelles. *Waterloo*, village à quatre lieues de Bruxelles, célèbre par la bataille de 1815, qui fit perdre à *Napoléon* le trône de France pour la seconde fois. *Louvain* (Löwen), sur la Dyle, ville ancienne, autrefois très-florissante, a une université et des manufactures de draps ; 26,000 hab.

II. La province d'ANVERS : *Anvers* (Antwerpen), ville commerçante et très-forte, port sur l'Escaut, arsenal et grands magasins pour la marine, nombreuses fabriques. Cette ville était dans le 16.ᵉ siècle une des plus riches de l'Europe. Sa citadelle est remarquable par le siége brillant qu'en firent les Français en 1832 ; 73,000 hab. *Malines* (Mecheln), sur la Dyle, fabrique des chapeaux et de belles dentelles ; 24,000 hab.

III. La FLANDRE ORIENTALE : *Gand* (Gent), sur l'Escaut, très-commerçante, entrecoupée de canaux, a une université et fabrique des dentelles et de belles toiles ; 83,000 hab.

IV. La FLANDRE OCCIDENTALE : *Bruges* fait un commerce actif et a des fabriques de dentelles, de toiles et de maroquin ; sa cathédrale renferme les superbes mausolées de *Charles-le-Hardi* et de sa fille ; 42,000 h. *Ostende*, ville très-forte et bon port sur la mer d'Allemagne ; 14,000 hab. *Ypres*, ville forte, fabrique de la toile et des étoffes de coton ; 15,000 hab. *Courtray* a de célèbres manufactures de toiles ; 19,000 hab.

V. Le HAINAUT (Hennegau) : *Mons* (Bergen), ville forte, commerce en blé et en houille ; 23,000 hab. Non loin de Mons est le village de *Jemmappes*, célèbre par la bataille de 1792, gagné par les Français sur les Autrichiens. *Fleurus*, également célèbre par plusieurs batailles. *Tournay* (Dornik), ville très-manufacturière sur l'Escaut ; 29,000 hab.

VI. La province de NAMUR : *Namur*, au confluent de

la Sambre et de la Meuse, possède des fabriques en fer, acier et cuivre; 19,000 hab.

VIII. LA PROVINCE DE LIÉGE: *Liége* (Lüttich), sur la Meuse, a une université, des manufactures d'ouvrages en fer et en acier, d'armes de toute espèce, et fait un grand commerce de houille; 59,000 hab. *Spa*, jolie petite ville, renommée par ses eaux minérales. *Limbourg*, petite ville, fabrique beaucoup de draps.

VIII. Une partie de la PROVINCE DE LIMBOURG: *Venlo*, sur la Meuse; 5,000 hab.

IX. Une partie du GRAND-DUCHÉ DE LUXEMBOURG, traversé par les Ardennes: *Arlon*, 4,000 hab.

ILES BRITANNIQUES.

On comprend sous ce nom les deux grandes îles, appelées la *Grande-Bretagne* (l'Angleterre et l'Écosse) et l'*Irlande*, avec plusieurs petites îles voisines. Elles sont entourées de la Mer du nord et de l'Océan atlantique et contiennent 6,470 lieues carrées, avec une population de 24 millions d'ames. Les différentes parties de ces îles ont été successivement réunies à l'Angleterre, et ne forment aujourd'hui avec elle qu'un seul royaume.

ANGLETERRE.

L'Angleterre (England) est baignée à l'E. par la Mer d'Allemagne, au S. par la Manche, à l'O. par le Canal St.-Georges et la Mer d'Irlande et bornée au N. par l'Écosse. C'est en général un pays de plaine, entrecoupé de collines, qui dans la partie occidentale s'élèvent cependant à une hauteur considérable. (Le *Snowdon* a 3,500 p.) Les principales rivières sont la *Tamise* (Themse), qui traverse la partie méridionale et se décharge dans la Mer du nord; l'*Humber*, formé par la réunion de la *Trent* et de l'*Ouse*, coule au nord et se jette dans la même mer; et la *Severn* qui arrose l'O. et se perd dans la Mer d'Irlande.

Les canaux sont nombreux ; celui de *Bridgewater*, dans la province de Northumberland, est le plus remarquable. Le climat est assez doux, mais humide et inconstant, sans être malsain ; la température est cependant moins variable que sur le continent. Le sol est presque généralement fertile et bien cultivé ; il produit du blé, du chanvre, du lin, des fruits, d'excellents légumes, du houblon, du safran, de la rhubarbe et d'autres productions qui, sans exiger un haut degré de chaleur, ne supportent pas le grand froid. Le vin manque ; on y supplée par la bière dont il se consomme une immense quantité ; les excellents pâturages nourrissent beaucoup de bœufs, de moutons et de chevaux d'une belle race. Les mines fournissent le meilleur étain de l'Europe, beaucoup de cuivre, de plomb et de fer. La houille qui supplée au défaut du bois, s'y trouve en quantité immense. La craie, la terre à foulon, la plombagine font un objet de commerce.

La population est de 14 millions d'ames. Les Anglais excellent dans la plupart des sciences et surtout dans les arts mécaniques. Ils se distinguent par leur amour pour la liberté et la patrie, mais aussi par un orgueil national qui les rend souvent injustes envers les autres nations ; leurs manufactures sont très-nombreuses et portées à un haut degré de perfection, surtout celles d'ouvrages en métaux, de poterie fine, d'étoffes de coton, de laine et de soie ; leur commerce est immense ; il est aujourd'hui favorisé par les machines à vapeur, employées comme force motrice dans les fabriques, dans les bateaux et les voitures, ainsi que par les chemins de fer. La navigation des Anglais s'étend sur toutes les mers, et leur pêche sur les côtes du pays et dans les mers de l'Amérique septentrionale est très-importante. La plus grande liberté de culte et de conscience règne en Angleterre ; la religion protestante, sous le nom d'*église anglicane* ou *épiscopale* ou *haute église*, est la religion de l'état; elle a deux archevêques et 24 évêques. Les Quakers et les Méthodistes y sont nombreux. L'Angleterre est une monarchie constitutionnelle héréditaire, dont les femmes ne sont pas exclues. Elle est basée sur la grande Charte et limitée par le parlement qui se compose de la chambre haute ou des pairs, et de la chambre basse ou des communes. Le fils aîné du roi porte le titre de *prince de Galles*. L'Angleterre est composée de 9 provinces, y compris la principauté de Galles, subdivisées en 52 comtés ou *Shires*.

I. La province d'ESSEX : *Londres* (London), sur la Tamise, capitale de l'empire britannique et résidence du roi, est la ville la plus grande et la plus riche de l'Europe. Elle est divisée en 3 grands quartiers, la *Cité*, *Westminster* et *Southwark*, a trois lieues-de longueur, sur une et demie de largeur, 150,000 maisons et environ 450 églises et édifices destinés aux différentes cultes. Le palais de St.-James, vieux bâtiment avec un grand parc, dans lequel se trouve le beau palais de York-house. Carletonhouse, résidence ordinaire du roi; l'église de St.-Paul est superbe; celle de Westminster renferme les tombeaux de la famille royale et les monuments des grands hommes; le Tower ou la Tour de Londres est un des plus anciens édifices; le sceptre et les diamants de la couronne y sont déposés; le musée britannique renferme des curiosités de toutes les parties du monde; les ponts de Westminster, de Waterloo, de Black-Friars et de Southwark sont très-beaux; le Tunnel qui doit établir une communication souterraine d'une rive de la Tamise à l'autre, n'est pas encore achevé; la belle colonne, appelée le monument, a été érigée en mémoire de l'incendie qui, en 1666, consuma la cinquième partie de la ville. Londres a une université nouvellement créée, de nombreuses et florissantes fabriques, de grandes brasseries, et fait un commerce immense par son port, où l'on trouve souvent plus de 1000 vaisseaux; 1,500,000 h. *Kensington*, bourg et château royal, sur la Tamise. *Harwich*, ville forte et port sur la Mer du nord; 18,000 h. *Chelsea*, près de Westminster, a un hospice pour les invalides et des écoles militaires; 28,000 hab.

II. LA PROVINCE D'OST-ANGLIE: *Norwich*, sur l'Yare, a des fabriques considérables de lainage; 50,000 hab. *Yarmouth*, ville forte et port à l'embouchure de l'Yare; 19,000 hab. *Neumarket*, bourg, renommé par ses courses de chevaux. *Cambridge*, célèbre par son université qui contient 17 colléges et par sa riche bibliothèque; la statue en marbre du célèbre physicien *Newton*, mort en 1727, se trouve dans l'église de l'université; 14,000 hab.

III. LA PROVINCE DE KENT: *Cantorbéry* (Kenterbury), dont l'archevêque est primat et premier pair du royaume, mais qui réside ordinairement à Southwark; 14,000 h. *Douvres*, ville forte et port sur le Canal, vis-à-vis de Calais, est le passage ordinaire pour la France; 12,000 h. *Greenwich*, sur la Tamise, avec un superbe hospice pour les matelots invalides et un observatoire; 3,000 hab.

IV. LA PROVINCE DE SUSSEX: *Southwark*, sur la rive droite de la Tamise, l'un des quartiers de Londres. *Kew*, château royal, avec de beaux jardins sur la Tamise. *Hastings*, port, où *Guillaume-le-Conquérant*, duc de Normandie, débarqua en 1066, pour faire la conquête de l'Angleterre; 5,000 hab. *Brighton*, bains de mer très-fréquentés; palais royal; 25,000 hab.

V. LA PROVINCE DE WESTSEX: *Portsmouth*, sur la Manche, ville très-forte et bon port pour les vaisseaux de guerre; 50,000 hab. L'île fertile de *Wight* est au S. de cette ville. Les îles de *Jersey*, de *Guernesey* et d'*Aurigny*, dans la Manche, à 6 lieues des côtes de la Normandie. *Windsor*, sur la Tamise, avec un château royal et un grand parc; 5,000 hab. *Bristol*, sur l'Avon, à trois lieues de son embouchure dans la Severn, est après Londres et Liverpool la ville la plus commerçante du pays ; elle possède des manufactures importantes, beaucoup de verreries et de raffineries de sucre ; 105,000 h. *Bath*, sur l'Avon, ville renommée par ses bains chauds ; 38,000 hab. *Plymouth*, sur la Manche, fait un grand commerce maritime, a un excellent port et de grands magasins pour la marine : 75,000 hab.

VI. La presqu'ile de CORNWALL (Cornouailles), au S.-O. de l'Angleterre, est terminée par le cap *Lands-End*, et riche en minéraux, surtout en étain. *Falmouth*, ville et port fortifié à l'embouchure du Fal ; 11,000 hab. Les îles *Scilly* ou *Sorlingues*, à l'ouest de la presqu'île de Cornouailles.

VII. La province de MERCIE, au centre de l'Angleterre, est la plus grande province du pays. *Oxford*, célèbre université composée de 23 colléges ; la bibliothèque Bodléïenne contient 500,000 volumes ; 17,000 hab. *Birmingham*, ville commerçante et manufacturière, non loin du Trent, est le principal siége des fabriques en métaux ; 142,000 hab. *Nottingham*, sur le Trent, possède des manufactures importantes de bas ; 41,000 hab. *Chester* fait un grand commerce de toiles irlandaises et de fromage qui prend le nom de cette ville ; 20,000 h. *Cheltenham*, a des bains ; 20,000 hab. *Stockport* a des fabriques d'étoffes ; 22,000 hab.

VIII. La province de NORTHUMBERLAND, au nord de l'Humber. *York*, sur l'Ouse, siége du second archevêché, a une belle cathédrale ; 24,000 hab. *Leeds*, principal siége des fabriques de draps et d'autres étoffes de laine ; 90,000 hab. *Hull*, ville maritime et commerçante, non loin de l'embouchure de l'Humber ; 50,000 hab. *Sheffield*, a de grandes fabriques d'ouvrages en métaux ; 54,000 hab. *Manchester*, ville très-commerçante et renommée par ses manufactures de coton et de velours

sur coton, connu sous le nom de cette ville; 238,000 h.
Liverpool, à l'embouchure de la Mersey, la seconde ville
de l'Angleterre par l'étendue de son commerce maritime;
155,000 hab. Un chemin de fer et de nombreuses voitures à vapeur facilitent beaucoup la communication entre Liverpool et Manchester. *Newcastle*, sur la Tyne, à
quelque distance de la Mer du nord, fait un grand commerce en charbon de terre; 50,000 hab. L'île de *Man*,
dans la Mer d'Irlande ou le canal de St.-Georges.

IX. LA PRINCIPAUTÉ DE GALLES (Wales), à l'ouest de
l'Angleterre: *Pembroke*, capitale; 5,000 hab. *Holywell*,
a des mines; 8,000 hab. L'île d'*Anglesea*, au N.-O.

ÉCOSSE.

L'Écosse (Schottland), qui occupe le nord de la Grande-
Bretagne, est séparée en partie de l'Angleterre par la
rivière de *Tweed*. Elle est beaucoup plus montagneuse
que l'Angleterre; les monts *Grampians* et le *Ben-Newis*
vers le N. ont à-peu-près 4,000 p. de haut. Le pays est
entrecoupé de golfes et de lacs bordés de rochers escar-
pés. Le *Forth* est le principal fleuve. L'Écosse, dont le
sol est moins fertile et le climat plus rude qu'en Angleterre, nourrit beaucoup de bétail, et a des mines de
fer, de plomb et de charbon de terre; la pêche est
abondante sur les côtes. La population est de 2,400,000
ames. La religion réformée, sous le nom d'*église pres-
bytérienne*, y est dominante. On divise ce pays en trois
parties, subdivisées en 33 shires.

I. ÉCOSSE MÉRIDIONALE, la partie la plus belle et
la plus fertile. *Edimbourg*, capitale, à l'embouchure du
Forth; elle a un château fort sur un rocher, un palais
royal, jadis la résidence des anciens rois écossais, une
université, des fabriques, des distilleries d'eau-de-vie et
fait un grand commerce par le port de *Leith*, qui fait
partie d'Edimbourg; 162,000 hab. *Glasgow*, sur la Clyde,

a une université, de belles imprimeries, des fabriques considérables, et fait un grand commerce par ses canaux et par son port, dit *New-Glasgow*, à l'embouchure de la Clyde; 160,000 hab. *Paisley*, a des fabriques d'étoffes et autres fort importantes; 50,000 hab.

II. ÉCOSSE CENTRALE, a des contrées fertiles et de rudes montagnes. *Perth*, sur le Tay, possède des fabriques de toiles et de coton; 20,000 hab. *Dundée*, à l'embouchure du Tay, ville florissante par son commerce et ses manufactures, a un bon port; 32,000 hab. *Aberdeen*, à l'embouchure de la Dée, ville commerçante et université; 30,000 hab.

III. ÉCOSSE SEPTENTRIONALE, couverte de montagnes et remplie de lacs et de marais. Elle est habitée par les montagnards de l'Écosse, dits *Highlanders*, descendants des anciens Calédoniens. *Inverness*, à l'embouchure de la Ness, principale ville et port; 12,000 hab.

Les îles voisines de l'Écosse forment trois groupes:

1. Les *Hébrides* ou *Westernes*, à l'O. de l'Écosse: *Staffa*, remarquable par la grotte basaltique, dite de *Fingal*. 2. Les *Orcades*, au N. de l'Écosse: *Pomona* en est la principale. 3. Les *îles Shetland*, au N. des Orcades: *Mainland* en est la plus grande. Ces dernières n'ont point de bois, et ne fournissent que peu de blé; mais la pêche y est très-abondante.

IRLANDE.

Cette île, entourée de l'Océan atlantique, est située à l'O. de la Grande-Bretagne, dont elle est séparée par la Mer d'Irlande. Le sol est en partie plat, en partie montagneux (*Cahirgonric* au S.-O. 4,200 p.), rempli de lacs et de marais. Le *Shannon* est le principal fleuve de ce pays, qui abonde en grains, pommes de terre, chanvre, lin, tourbe et bétail. Le climat est humide; la population est de 7,500,000 habitants, dont la majeure partie professe la religion catholique. La plupart des paysans irlandais vivent dans une grande indigence. L'Irlande se divise en 4 provinces, subdivisées en 32 comtés.

I. LA PROVINCE DE LEINSTER, à l'est de l'île : *Dublin*, capitale de toute l'Irlande, sur la Liffey, est la seconde ville de l'empire britannique ; elle est très-commerçante et manufacturière, a une université et un port ; 250,000 hab. *Kilkenny*, jolie ville qui fabrique des étoffes de laine ; 28,000 hab.

II. LA PROVINCE D'ULSTER, au nord : *Belfast*, ville de commerce et de manufactures ; 42,000 hab. *Londonderry*, commerce de beurre et de viande salée ; 12,000 hab. C'est dans cette province qu'on trouve sur la côte de la Mer d'Irlande la *chaussée des géants*, assemblage d'environ 30,000 colonnes basaltiques.

III. LA PROVINCE DE CONNAUGHT, à l'ouest : *Gallway*, ville et port, fait le commerce de toiles et de poissons ; 30,000 hab.

IV. LA PROVINCE DE MÜNSTER, au sud : *Waterford*, ville commerçante et port ; 34,000 hab. *Cork*, à l'embouchure de la Lée, est la seconde ville d'Irlande ; elle a un excellent port de guerre et fait un grand commerce, surtout en viandes salées et en beurre ; 115,000 hab. *Limerik*, sur le Shannon, fait un commerce considérable ; 70,000 hab.

POSSESSIONS ANGLAISES :

En Europe : *Gibraltar*, *Malte*, *Helgoland* (au S.-O. du Danemark) ; (les *Iles ioniennes*, république sous la protection des Anglais) ;

en Asie : *Ceylan*, les trois présidences de *Calcutta*, de *Madras* et de *Bombay*, *Sincapour* etc. dans les Indes ;

en Afrique : le *Cap*, les îles *Séchelles*, *Maurice*, *St.ᵉ-Hélène*, *Ascencion*, *Fernando-Po*, et une petite partie de la *Guinée* et du *Sénégal* ;

en Amérique : le *Canada*, la *Nouvelle-Écosse*, le *Nou-*

veau-Brunswic, *Terre-neuve* et autres îles, les pays sur
la *baie d'Hudson*, une partie de la *côte N.-O.*, la
Jamaïque, la *Trinité* et autres Antilles, les îles *Lucayes*, les *Bermudes ;*
en Australie : la côte orientale de la *Nouvelle-Hollande*,
la *Terre van-Diémen* etc.

ÉTAT DE DANEMARK.

Cet état se compose du royaume de *Danemark*, des îles
Féroër et de l'île d'*Islande*. Le Danemark, au N. de l'Allemagne, est entouré de la Mer du nord, du Skager-Rack,
du Cattegat et de la Mer baltique ; ces derniers com-
muniquent entre eux par les détroits du *Sund*, du *grand*
et du *petit Belt*. Les îles d'Islande et de Féroër sont entourées de la Mer atlantique. Tout l'état contient environ 1,000 lieues carrées, avec une population de 2 millions d'habitants, de la religion protestante. Le Danemark est en général un pays plat, rempli de lacs ; il
abonde en blé, tabac, chanvre et bétail ; les métaux et
le sel y manquent. Le climat est humide et variable. Il
n'y a point de fleuves considérables, à l'exception de
l'*Elbe* qui traverse une partie du Holstein ; l'*Eyder* sépare le Jutland méridional du Holstein. Le gouvernement est depuis peu de tems une monarchie constitutionnelle.

I. L'Iʟᴇ ᴅᴇ SÉELANDE, la plus grande des îles danoises, entre le Sund et le grand Belt. *Copenhague*,
capitale fortifiée du royaume et résidence du roi, sur
le Sund ; elle est très-commerçante, a plusieurs beaux
palais, une université, des fabriques de porcelaine, de
gants et d'étoffes et un port ; la tour ronde, haute de
150 pieds, remarquable parce qu'on peut y monter en
voiture et à cheval ; un pont joint l'île d'Amack à la
ville ; 118,000 hab. *Elseneur* (Helsingör), à l'endroit le

plus étroit du Sund ; passage ordinaire pour la Suède ; 7,000 hab. Non loin de cette ville est *Cronenbourg*, château fort qui défend le passage du Sund. *Bornholm*, île fertile dans la Baltique.

II. L'Île de FIONIE (Fünen), entre le grand et le petit Belt. *Odensée* en est la principale ville ; 7,000 hab. *Nybourg*, forteresse et port sur le grand Belt. *Langeland*, *Laaland* et *Falster*, îles assez grandes et fertiles dans la Baltique.

III. La Presqu'île de JÜTLAND, l'ancienne *Chersonèse cimbrique*, dont la partie méridionale forme le duché de *Schleswig*. *Aalborg*, sur le golfe de Lymfiord ; 7,500 h. *Wiborg*, presque au centre du pays ; *Aarhuus*, sur le Cattegat ; 7,000 hab. *Fridéricia*, sur le petit Belt, forteresse. En 1825 l'extrémité septentrionale du Jütland se sépara du continent et forme aujourd'hui une île. *Flensbourg*, ville très-commerçante et port ; 15,000 hab. et *Schleswig*, sur le golfe de Schlie ; 11,000 hab., se trouvent dans le duché de Schleswig. L'île d'*Helgoland*, dans la mer d'Allemagne, appartient aux Anglais.

IV. Le duché de HOLSTEIN au S. de celui de Schleswig, et au nord de l'Allemagne ; pays abondant en pâturages, qui nourrissent d'excellents chevaux. *Glückstadt*, sur l'Elbe, capitale et port ; 5,500 hab. *Kiel*, université et bon port sur la Baltique ; 10,000 hab. *Rendsbourg*, ville fortifiée sur l'Eyder ; 9,000 hab. *Altona*, sur l'Elbe, ville très-commerçante et port, vis-à-vis de Hambourg ; 27,000 hab. *Ottensen*, village près d'Altona, où l'on voit le tombeau du poète *Klopstock*, mort en 1803.

V. Le duché de SAXE-LAUENBOURG, contigu à celui de Holstein. *Lauenbourg*, sur l'Elbe ; 3,400 hab.

VI. Les îles FÉROER (Faroër), dans l'Océan septentrional, entre les îles de Shetland et l'île d'Islande, ne sont en grande partie que des rochers basaltiques ; elles produisent des herbes antiscorbutiques, du charbon de terre et nourrissent des brebis. Parmi les oiseaux aquatiques qui s'y trouvent en quantité immense on remarque surtout l'eider, qui fournit le duvet dit édredon. Les habitants peu nombreux s'adonnent à la pêche. *Stromoe* en est la plus grande.

VII. L'ISLANDE, grande île de l'Océan septentrional, au N.-O. des îles Féroër. Elle contient 1,400 lieues carrées, est hérissée de montagnes et de rochers volcaniques et a un climat rude et un sol stérile ; elle produit des baies sauvages, des herbes antiscorbutiques, et la fameuse mousse d'Islande, dont on fait un thé salutaire ; elle nourrit des brebis et des bestiaux d'une petite race, et fournit de l'édredon et des productions volcaniques, telles que le soufre et la pierre ponce. L'*Hekla* (4,300 p.) et le *Krabla* sont les plus connus de ses volcans. Des sources chaudes, dont le *Geyser* est la plus remarquable, s'élancent à une hauteur prodigieuse. Les habitants, au nombre de 50,000, dispersés dans l'île, sont pauvres mais très-bien instruits et se nourrissent particulièrement de poissons. Ils n'ont d'autre bois que celui que la mer amène. *Reikiavik* est le chef-lieu ; 500 hab. *Skalholt*, près du Geyser, ancien chef-lieu.

COLONIES DANOISES :

En Asie : *Tranquebar* etc., dans les Indes ;
en Afrique : quelques établissements dans la Guinée ;
en Amérique : l'île *St.-Thomas* et autres Antilles, le *Grönland*.

SUÈDE ET NORWÈGE.

Ces deux royaumes, réunis sous le même souverain, forment la partie nord de l'Europe, appelée quelquefois la *Scandinavie*. Ses limites sont à l'E. la Russie, le golfe de Bothnie et la Baltique ; au S. la même mer ; à l'O. le Cattegat et la Mer du nord et au N. la Mer glaciale. Cet état forme, après l'empire russe, le plus grand pays de l'Europe. Son étendue est de 13,800 lieues carrées, mais sa population n'est que de 4,000,000 habitants, de la religion protestante.

SUÈDE.

Ce pays, entouré de la Norwège, de la Russie, de la Baltique et de la Mer du nord, est montagneux au nord-ouest et presque partout entrecoupé de rochers; il est limité par les *Alpes scandinaves*, dont les principales branches et cimes sont dans la Norwège. La Suède est couverte de forêts, de lacs, de marais et de terres incultes; ses côtes sont bordées d'une quantité de petites îles et d'écueils, dits *Skæren*. Les rivières y sont nombreuses, mais n'ont pas un long cours et sont peu navigables à cause des cataractes; elles prennent le nom d'une ville ou d'un district, auxquelles on ajoute le mot *Elf*, c'est-à-dire rivière, p. ex. la *Gotha-Elf*, qui se jette dans le Cattegat. Les lacs *Wéner*, *Wetter*, *Hielmar* et *Mælar* sont les plus considérables. Le climat est froid et salubre; le sol est pierreux et peu fertile, les provinces méridionales exceptées. La longueur des jours en été y produit cependant une chaleur assez considérable pour développer en peu de jours une belle végétation. Le blé ne suffit pas pour la consommation du pays; il est si rare dans les provinces septentrionales qu'on mêle des racines et des écorces broyées à la farine pour en faire du pain. Le bois s'y trouve en abondance, de même que le bétail, le gibier et les animaux à fourrure. Les mines, surtout celles de fer et de cuivre, sont la principale richesse du pays. La Suède, dont la population est de 2,900,000 ames, est une monarchie constitutionnelle et héréditaire. On la divise en trois principales parties, subdivisées chacune en provinces.

I. LA **SUÈDE** PROPREMENT DITE ou *Suède centrale: Stockholm*, capitale du royaume et résidence du roi, bâtie sur sept îles ou holms du lac Mælar, à son embouchure dans la Baltique; centre du commerce suédois et bon port, a des manufactures considérables; 80,000 h. *Drottningholm*, château royal, dans une île du lac Mælar. *Upsal*, ville ancienne, avec une université et un jardin botanique, établi par le célèbre *Linné*; son archevêque est primat du royaume; 4,500 hab. *Falun*, dans la Dalécarlie, possède de très-riches mines de cuivre dans son voisinage; 4,400 hab.

II. La GOTHIE ou *Suède méridionale*, la partie la plus fertile et la moins montagneuse. *Gothenbourg*, non loin de l'embouchure de la Gotha-Elf, dans le Cattegat; la ville la plus commerçante après Stockholm, a un port très-fortifié, des chantiers de construction, et exporte une quantité de fer en barres, des planches, du goudron et des harengs; 25,000 hab. *Trollhätta*, village près de la superbe cataracte et du canal de la Gotha-Elf. *Norküping*, sur la Motala, ville de manufactures et de commerce; 10,000 hab. *Calmar*, ville fortifiée et commerçante sur la Baltique; 5,000 hab.; l'union par laquelle les trois royaumes du Nord furent réunis, y fut conclue en 1397. *Carlscrona*, ville forte et commerçante sur la Baltique, et excellent port pour les vaisseaux de guerre; 12,000 hab. *Malmö*, ville forte et port sur le Sund; 7,000 hab. *Lund*, petite ville ancienne, avec une université. Les îles de *Gothland* et d'*Oeland*, dans la Baltique.

III. Le NORRLAND ou la *Suède septentrionale*, y compris la *Laponie suédoise*. *Gèfle*; 5,600 hab., *Uméa*, *Piléa* et *Luléa*, ports sur le golfe de Bothnie. La Laponie, la partie la plus septentrionale de l'Europe, contrée froide, aride, montagneuse, couverte de marais et de forêts, s'étend dans la Russie et dans la Norwège. Les Lapons sont un peuple pêcheur et nomade, dont la principale richesse consiste dans le renne.

NORWÈGE.

La Norwège est située à l'O. de la Suède, dont elle est séparée par les chaînes de *Kölen* et de *Séve*, branches des Alpes scandinaves. La partie méridionale de ce système, le *Dovrefield* (cimes: *Skagstölstind* 7,900 p. *Snee-hüttan* 7,700 p.) traverse la Norwège au sud et y forme des plateaux étendus. C'est un pays de côtes peu fertile et rempli de lacs; les cataractes des rivières, dont les principales sont le *Glommen* et le *Drammen*, gênent beaucoup la navigation. Le climat est rude mais salubre; les immenses forêts fournissent du bois de construction en quantité; les mines sont riches en cuivre, en fer et en argent; la pêche qui se fait sur les côtes est très-abondante. Parmi les animaux on distingue les souris norwégiennes ou les *lemmings*, remarquables par leurs migrations en troupeaux. La Norwège, réunie à la Suède depuis 1814, a une population de 1,100,000 ames. Elle est divisée en 4 gouvernements ou diocèses.

1. LE DIOCÈSE DE CHRISTIANIA, la partie la plus fertile et la mieux cultivée. *Christiania*, capitale du royaume, sur un golfe de la Mer du nord; elle est commerçante, a une université et un port; 21,000 hab. Vis-à-vis de cette ville est la forteresse d'*Aggerhuus* sur une montagne. *Frédérickshall*, ville et port, défendue par la forteresse de *Frédérickstein*, devant laquelle *Charles* XII fut tué en 1718; 4,800 hab. *Kongsberg*, avec de riches mines d'argent dans ses environs; 4,000 hab.

II. LE DIOCÈSE DE CHRISTIANSAND: *Christiansand*, sur le Cattegat, ville et port, défendu par deux forts; 7,600 h.

III. LE DIOCÈSE DE BERGEN: *Bergen*, sur un golfe de la Mer du nord, la ville la plus commerçante de la Norwège, a des fabriques et un port fortifié; 21,000 h.

IV. LE DIOCÈSE DE DRONTHEIM, y compris le *Nord-land* et le *Finmark*, ou la Laponie norwégienne. *Dront-*

heim, ville fortifiée, située sur un golfe de la Mer du nord. Elle a un séminaire pour l'instruction des jeunes Lapons, et fait un grand commerce en cuivre, huile de baleine, harengs et autres productions du Nord; 12,000 h. *Röraas*, sur le plus haut plateau de la Norwège; ses mines de cuivre sont très-productives. Les *Loffoden*, îles stériles, hérissées de rochers, au sud desquelles se trouve le tournant, dit *Malstrom*, près de la petite île de *Mosköe*. *Hammerfest*, port commerçant sur une île et *Wardöhuus*, forteresse dans l'île de *Wardö*, sont les villes les plus septentrionales de l'Europe. Le *Cap-nord*, dans l'île de *Magerö*.

COLONIE SUÉDOISE en Amérique: *St.-Barthélémy*, une des Antilles.

RUSSIE D'EUROPE.

Le vaste empire russe qui occupe à lui seul la neuvième partie de la terre habitable, s'étend sur le N.-E. de l'Europe, sur tout le nord de l'Asie et sur une petite partie de la côte nord-ouest de l'Amérique; il embrasse dans cette étendue 348,000 lieues carrées, le double de celle d'Europe, mais sa population n'est que d'environ 60 millions d'âmes.

La Russie d'Europe, huit fois plus grande que la France, est bornée au N. par la Mer glaciale; à l'Est par l'Asie; au S. par la Mer noire et la Turquie; à l'O. par l'Autriche, la Prusse, la Mer baltique et la Suède. La Russie d'Europe est un pays de plaine. Les monts ou collines *Valdaï*, entre Moscou et St.-Pétersbourg, déterminent la direction des eaux. Les *monts Ourals* (6,000 p.), qui s'étendent du N. au S. et au S.-O. séparent l'Asie de l'Europe. (Le *Caucase* et les provinces russes qu'il traverse font partie de l'Asie). De grands fleuves arrosent la Russie d'Europe: la *Dwina* se jette dans la Mer blanche, la *Duna* dans la Baltique, la *Newa* dans le golfe de Fin-

lande, le *Dniepr* dans la Mer noire; le *Don* se perd dans
la Mer d'Azow; le *Wolga*, le plus grand fleuve de l'Europe, se décharge dans la Mer caspienne, après un cours
de 900 lieues; l'*Oural* a sa source dans les montagnes de
ce nom, marque en partie la limite entre l'Europe et
l'Asie et se jette également dans la Mer caspienne. Les
lacs de *Ladoga*, d'*Onéga* et de *Peïpus*, au N. de la
Russie, sont très-considérables. On trouve tous les climats dans ce vaste pays. Le sol est fertile au sud, quoique entrecoupé de landes immenses et de marais, très-
bien cultivé dans l'intérieur, stérile au nord, et la
végétation cesse presque entièrement vers les bords de
la Mer glaciale. Le blé, le chanvre, le lin, le tabac et
le bois sont les principales productions du pays; les
pâturages nourrissent beaucoup de bétail; les régions du
nord abondent en animaux à fourrure; les mines renferment surtout du fer; les monts Ourals ont aussi de
riches mines de cuivre et d'argent; on y trouve également de l'or, du platine et des diamants; la pêche est
très-abondante.

La population est d'environ 57 millions d'habitants,
composés d'une grande variété de peuples qui diffèrent
beaucoup en mœurs, coutumes, langue et civilisation.
Quoique la religion grecque soit la dominante et celle
de la grande majorité, toutes les religions jouissent de
la plus grande liberté de conscience. Avant le règne de
Pierre le grand (1689) les sciences et les arts étaient peu
connus en Russie; mais ce prince n'épargna ni peines
ni dépenses pour les y introduire; ses successeurs ont
continué l'ouvrage commencé par ce grand homme. Le
gouvernement est une monarchie illimitée et héréditaire,
dont les femmes ne sont pas exclues. Une ordonnance
de l'empereur est appelée *ukase*.

Nous distinguerons les provinces russes proprement
dites et celles conquises successivement sur d'autres na-

tions. Elles sont subdivisées en gouvernements qui prennent leur nom des chefs-lieux.

Provinces anciennes.

I. LA GRANDE-RUSSIE forme la partie orientale et la
plus grande de la Russie d'Europe; elle s'étend depuis la
Mer glaciale du Nord, jusqu'aux bords du Don. *Moscou*
(Moskau), ancienne capitale de l'empire, sur la Moskwa,
et centre du commerce de l'intérieur, a une université et
de nombreuses fabriques; la forteresse, dite *Kreml*, renferme le palais des anciens czars de Moscovie et la cathédrale. Cette ville, livrée en grande partie aux flammes
dans la guerre de 1812, a été reconstruite plus belle;
300,000 hab. *Tula*, ville très-commerçante, possède une
grande manufacture d'armes; 38,000 hab. *Nischnei Nowgorod*, ville commerçante sur le Wolga; 16,000 hab. *Ja-
roslaw*, sur le Wolga, fabrique beaucoup de linge de
table et fait un grand commerce; 28,000 hab. *Twer*,
jolie ville sur le Wolga; 24,000 hab. *Nowgorod*, sur le
Wolchow et sur le lac *Ilmen*, jadis ville très-florissante,
maintenant déchue; 10,000 hab. *Ruric* y fonda l'empire
russe en 862. *Wologda*, 14,000 hab. et *Ustjug*, 14,000
hab., villes industrieuses et commerçantes. *Archangel*,
près de l'embouchure de la Dwina, a des chantiers de
construction et fait un commerce important par son port;
17,000 hab. La *Laponie russe*, pays stérile au nord de
la Mer blanche, fait partie du gouvernement d'Archangel. La *Nouvelle-Zemble*, séparée du continent par le
détroit de *Waigatz*, est composée de deux grandes îles
dans la Mer glaciale; elle n'est peuplée que d'ours blancs
et de rennes.

II. LA PETITE-RUSSIE ou L'UKRAINE, au S. de la
grande Russie, habitée en grande partie par les Cosaques. *Kiew*, sur le Dniepr, ville forte et commerçante;
40,000 hab. *Pultawa*, place forte, célèbre par la défaite

de *Charles* XII, en 1709. *Charkow*, a une université; 18,000 hab. *Cherson*, non loin de l'embouchure du Dniepr, ville forte et port principal pour la flotte de la Mer noire; 15,000 hab. *Odessa*, sur la Mer noire, ville très-florissante par son commerce, fondée depuis 1796, et port franc; 40,000 hab. *Azow*, petite ville et port, non loin de l'embouchure du Don, jadis très-forte et commerçante. *Tscherkask*, dans une île du Don, ancienne capitale et principale place d'armes des Cosaques du Don; 15,000 hab. *Nouveau-Tscherkask*, capitale actuelle des Cosaques, et siége de leur Ataman; 9,000 h. *Taganrok*, port franc sur la mer d'Azow; 15,000 hab.

III. La RUSSIE BLANCHE, à l'O. du gouvernement de Moscou. *Smolensk*, sur le Dniepr, ville forte et commerçante; 12,000 hab.

IV. ASTRACAN et CASAN. Cette province traversée par le *Wolga*, renferme des contrées très-fertiles, mais aussi de vastes steppes remplies de lacs salins; les mines abondent en fer et en cuivre.

Astracan, dans une île du Wolga, près de son embouchure dans la Mer caspienne, a des fabriques de soie, de coton et de maroquin, fait le commerce et se livre à la pêche; 40,000 hab. *Ouralskoi*, sur le fleuve Oural, principal siége des Cosaques ouraliens; 18,000 hab. *Saratow*, sur le Wolga, ville marchande; 12,000 hab. *Sarepta*, sur le Wolga; une colonie de frères moraves la rend florissante par son industrie. *Casan*, non loin du Wolga, a une université, beaucoup de fabriques, et commerce en fourrures et en cuirs; 50,000 hab. *Orenbourg*, ville forte sur l'Oural, avec une grande maison de travail pour les exilés; elle est le centre du commerce que la Russie fait avec les peuples d'Asie; 21,000 h. *Wiatka* fait un commerce actif; 12,000 hab.

Provinces autrefois suédoises.

V. L'INGRIE (Ingermannland), entre les lacs de Ladoga et de Peipus, et sur le golfe de Finlande. *Pétersbourg*, seconde capitale de l'empire russe, régulièrement bâtie et résidence de l'empereur, à l'embouchure de la Néwa. *Pierre le Grand* en jeta les fondements en 1703. Elle a de beaux palais, une université, des églises de toutes les confessions; on remarque surtout l'église de St.-Isaac. La statue de Pierre le grand repose sur un énorme bloc de granit; le monument d'Alexandre est une colonne monolithe de la même pierre. Cette capitale a des fabriques considérables et fait un grand commerce; 448,000 hab. *Tsarskoïé-Sélo*, superbe résidence d'été non loin de St.-Pétersbourg. *Cronstadt*, ville forte, sur le golfe de Finlande, et principal port pour la flotte de la Mer baltique; 40,000 hab.

VI. L'ESTHONIE (Esthland), entre le golfe de Finlande et celui de Riga. *Réval*, ville forte et port sur le golfe de Finlande, fait le commerce par mer; 15,000 hab.

VII. LA LIVONIE (Livland), au S. de l'Esthonie et sur la Baltique. *Riga*, sur la Duna, capitale très-forte et bon port, fait un grand commerce en productions du pays; 56,000 hab. *Dorpat* a une université; 10,000 hab.

VIII. LA FINLANDE, entre la Mer blanche, le lac de Ladoga et les golfes de Bothnie et de Finlande; pays rempli de lacs et de marais, et couvert d'immenses forêts. *Helsingfors*, sur le golfe de Finlande, nouvelle capitale et port fortifié; 9,000 hab. *Swéaborg*, forteresse importante, bâtie sur sept îlots, à une lieue de Helsingfors et bon port. *Abo*, ancienne capitale, située à l'angle des golfes de Bothnie et de Finlande; principale ville du pays et université; 12,000 hab. Les îles d'Aaland, à l'entrée du golfe de Bothnie.

Provinces autrefois turques.

IX. LA presqu'ile de CRIMÉE, ou la TAURIDE, est entourée de la Mer noire, de la Mer putride et de celle d'Azow, et habitée par des Tartares mahométans. Elle fournit d'excellents vins et des fruits délicats. *Simféropol*, le nouveau chef-lieu, a 3,000 hab. *Baktschi-Séraï*, c'est-à-dire palais des jardins, autrefois la résidence du Khan de la Crimée; 10,000 hab. *Féodosia* ou *Caffa*, autrefois ville considérable et florissante; 5,000 hab.

X. LA BESSARABIE, avec une partie de la MOLDAVIE. *Kischenew*, archevêché; 20,000 hab. *Ismaïl*, forteresse; 12,000 hab. *Bender*, sur le Dniestr, ville forte et commerçante; 5,000 hab. *Akkierman*, place forte et port à l'embouchure du Dniestr; 12,000 hab. *Choczim*, dans la Moldavie russe, ville forte sur le Dniestr; 4,000 hab.

Provinces polonaises.

XI. LA COURLANDE, au S.-O. du golfe de Livonie. *Mitau*, a 13,000 hab., dont la moitié sont Allemands. *Libau*, port sur la Baltique; 6,000 hab.

XII. LA LITHUANIE (Lithauen), au S.-E. de la Courlande. *Wilna*, sur la Wilia; université catholique, commerce considérable; 50,000 hab. *Mohilev*, ville marchande, sur le Dniepr; 16,000 hab. *Witebsk*, sur la Duna, a des fabriques de cuir; 15,000 hab.

XIII. LA PODOLIE et la VOLHYNIE au S. de la Lithuanie. *Kaminiec*, sur le Dniestr; 16,000 hab.

XIV. LA POLOGNE *proprement dite* (Pohlen), formée d'une partie de l'ancien royaume de Pologne, est entourée de la Lithuanie, de la Podolie, de la Gallicie et de la Prusse. C'est un pays plat, traversé par la *Vistule*, couvert de forêts, rempli de marais, et riche en blé, bois, miel et bestiaux. La Pologne, dont l'empe-
de Russie est roi, a 2,000 lieues carrées, avec une

population de 4,000,000 d'habitants, la plupart catholiques; les juifs y sont nombreux. *Varsovie* (Warschau), capitale, sur la Vistule, autrefois la résidence des rois de Pologne. Elle a une université, un grand nombre de palais et d'édifices superbes, et fait un grand commerce en productions du pays; 140,000 hab. *Praga*, ville forte est regardée comme un faubourg de Varsovie dont la sépare la Vistule; 8,000 hab. *Lublin*, ville commerçante qui a tous les ans trois grandes foires; 13,000 hab. *Kalisch*, sur la Prosna; 12,000 hab.

La Russie possède de vastes provinces en Asie (v. p. 113.) et une partie de la côte nord-ouest de l'Amérique.

CRACOVIE (Krakau), sur la Vistule, ville libre et indépendante, jadis la capitale de la Pologne; elle a une université, des fabriques de draps, et fait un commerce considérable; sa cathédrale renferme les tombeaux de la plupart des anciens rois de Pologne; 3o,000 hab.

TURQUIE D'EUROPE.

L'empire turc, appelé aussi empire Ottoman du nom de son fondateur, s'étend sur le S.-E. de l'Europe, et sur une partie de l'Asie occidentale. Il a une étendue de 3o,000 lieues carrées, avec une population d'environ 18 millions d'ames.

La Turquie d'Europe, entourée de la Russie, des provinces hongroises, de la Mer ionienne, de la Grèce, de l'Archipel, de la Mer de Marmara et de la Mer noire, contient environ 8,600 lieues carrées. Elle forme avec la Grèce une grande presqu'île traversée par plusieurs chaînes de montagnes. La principale est le *Balkan* ou *Eminéh-Dagh*, l'Hémus des anciens, (cime: *Orbélos* ou *Egrisou* 9,000 p.) Il est une continuation des Alpes, et s'étend à l'E. jusqu'à la Mer noire; une de ses branches se dirige au S. et envoie des ramifications dans la Grèce

Une partie du versant oriental des *Karpathes* se trouve dans les provinces tributaires de la Turquie. Le *Danube* est le principal fleuve du pays; il se jette dans la Mer noire, après un cours de 800 lieues; la *Maritza* prend sa source dans le Balkan et se jette dans l'Archipel. Le climat est généralement doux, excepté dans les montagnes; l'air est pur et salubre. La peste est cependant un fléau terrible de ce pays; elle lui est souvent apportée par des vaisseaux qui viennent de l'Orient, et pourrait être évitée par une surveillance plus exacte et par des mesures de précaution. La Turquie, un des plus beaux pays de l'Europe, a un sol très-fertile, quoique mal cultivé. Du blé, du riz, du vin, des fruits, des raisins de Corinthe, de l'huile d'olive, du pavot, du tabac du coton, de la soie, du sel, du marbre, des terres à couleurs, telles sont ses principales productions. Les habitants, au nombre d'environ 8 millions, sont des Turcs, des Grecs, des Slaves, des Albanais, des Arméniens, des Juifs, des Européens de différentes nations, appelés Francs. Les Turcs sont mahométans, de la secte des Sunnites. Les chrétiens et les juifs ont le libre exercice de leur culte, mais à des conditions onéreuses et au moyen d'une capitation, dite *charadsch*. Le chef du clergé turc et de la religion de Mahomet, enseignée dans le *Koran*, s'appelle *mufti*. Les prêtres se nomment *imans*, et les moines *derwiches*. Une *mosquée* est un temple turc. Le vendredi est le jour consacré par les Turcs au repos et à la dévotion; des prières, des jeûnes, des ablutions, des aumônes, l'abstinence du vin et de la chair de porc, sont les principaux préceptes de la religion mahométane. Les Turcs se distinguent de tous les peuples de l'Europe par leurs mœurs, leur manière de vivre et leur costume; ils ne cultivent que peu les sciences; mais ils sont graves et orgueilleux, et se croient supérieurs aux autres nations. Les fabriques et le commerce sont en grande partie entre les mains des Grecs, des Arméniens et des juifs; ce commerce qui est très-actif, est appelé communément le commerce du Levant. Le gouvernement est despotique; l'empereur se nomme *sultan* ou *grand-seigneur*; sa cour, la *Porte* ou la *sublime-Porte*; le conseil d'état, le *divan*; le premier ministre, le *grand-visir*; une ordonnance impériale, un *firman*. La Turquie est divisée en de nombreux *pachalics*, chacun gouverné par un *pacha*. Nous conserverons le nom des anciennes provinces. La Turquie d'Europe comprend les pays suivants:

I. LA ROMANIE ou ROUMILI : *Constantinople*, capitale de l'empire turc et résidence du sultan, située dans une contrée charmante, sur le détroit ou le canal du même nom. Cette ville, fondée sur les ruines de l'ancienne Byzance par *Constantin le Grand*, qui lui donna son nom, est appelée *Stamboul* par les Turcs. Elle est grande, mais mal bâtie; la plupart des maisons sont basses et construites en bois; la peste et les incendies y font souvent de grands ravages. Parmi les édifices on distingue le sérail où réside le sultan, assemblage de palais, de mosquées et de jardins d'une vaste étendue, à l'entrée du canal; la superbe mosquée de Sainte-Sophie était autrefois une église grecque; le château des sept tours, forteresse et prison d'état; le grand bazar, vaste établissement, rempli de boutiques et de magasins. Dans le faubourg de *Péra* résident les ambassadeurs des états chrétiens; celui de *Galata* renferme la plupart des magasins qui appartiennent aux négociants étrangers; le faubourg de *Top-hana* contient la fonderie et l'arsenal. Constantinople a un excellent port, un grand nombre de bains publics, des manufactures d'armes, de soieries et de cotonnades, fabrique le meilleur chagrin, et fait un commerce très-étendu; environ 500,000 hab. *Andrinople*, sur la Maritza, ville grande et commerçante; elle a un vaste palais impérial, de grandes mosquées dont

celle de *Sélim I* est regardée par les Turcs comme la
plus belle de l'empire; 100,000 hab. *Philippople* ou *Fé-
libe*, ville commerçante sur la Maritza; 100,000 hab.
Gallipoli, ville forte et port, dans la Chersonèse de
Thrace, et sur le détroit des Dardanelles qui sépare l'Europe de l'Asie; 40,000 hab. *Kirkekklésie* ou *Kirkilissa*,
fait un grand commerce en produits des environs; 80,000
hab. L'île de *Stalimème*, autrefois Lemnos, dans l'Archipel, fournit la meilleure terre sigillée.

II. LA BULGARIE, au N. de la Romanie. *Sophia*,
capitale, fait un commerce considérable; 50,000 hab.
Warna, ville forte et commerçante, sur la Mer noire;
24,000 hab. *Routschouk*, *Silistrie* sur le Danube et *Choumla*,
forteresses importantes.

III. LA BOSNIE, au S. de l'Esclavonie. *Sarajévo* ou
Bosna-Seraï, capitale, non loin de Bosna, manufactures
d'armes à feu, grand commerce; 26,000 hab.

IV. LA MACÉDOINE, au S. de la Bulgarie et de la
Servie. Un golfe de l'Archipel y forme une presqu'île,
où s'élève le mont *Athos* ou *mont sacré*, avec un grand
nombre de couvents grecs. *Saloniki* (Thessalonique), capitale et port sur le golfe du même nom; fabriques de
coton, de soie, de fil rouge, de tapis, grand commerce;
les juifs y ont une académie; 70,000 hab. *Sérès*, cultive
beaucoup de coton; 30,000 hab. *Filiba*, village, près
des ruines de l'ancienne ville de *Philippi*, où *Brutus* et
Cassius furent défaits par *Octavien* et *Antoine*, 42 ans
avant J.-C.

V. L'ALBANIE, à l'O. de la Macédoine, le long de
la Mer adriatique et de la Méditerranée. Le promontoire
d'*Actium*, célèbre par la victoire navale d'*Octavien* sur
Antoine, 31 ans avant J.-C. *Scutari*, sur le lac du même
nom; 18,000 hab. *Janina*, ville forte et commerçante,
défendue par une citadelle; 35,000 hab. *Arta*, ville commerçante non loin du golfe de ce nom.

VI. Lᴀ JANIAH (Thessalie), au S. de la Macédoine, le long de l'Archipel. Elle renferme l'*Olympe*, l'*Ossa* et le *Pelion*, montagnes célèbres dans la mythologie des Grecs. *Larisse*, ou *Jénischehr*, capitale, a des teintureries de fil rouge, et fait le commerce; 20,000 hab. *Pharsale*, petite ville, célèbre par la victoire que *Jules-César* y remporta sur *Pompée*, 46 avant J.-C.

Provinces tributaires des Turcs.

Ces provinces sont gouvernées chacune par un *hospodar* particulier national, sous la souveraineté du Sultan turc. Les habitants, au nombre de 1,300,000, professent la religion grecque. Le climat est moins doux que celui de la Turquie proprement dite.

I. Lᴀ SERVIE, à l'O. de la Bulgarie; baignée par la *Morava*, affluent du Danube. *Belgrade*, capitale très-forte, au confluent du Danube et de la Save; cette ville a soutenu des siéges nombreux; une garnison turque en occupe la citadelle; 30,000 hab.

II. Lᴀ VALACHIE au N. du Danube. *Bucharest*, dans une vaste plaine, capitale et résidence de l'hospodar, fait un commerce actif; 50 à 80,000 hab. *Giurgevo*, forteresse vis-à-vis de Routschouk; 15,000 hab.

III. Lᴀ MOLDAVIE, séparée de la Russie par le *Pruth*. *Jassy*, capitale et résidence, a des foires fréquentées; 30,000 hab.

L'empire turc s'étend en outre sur une grande partie de l'Asie; voyez p. 115.

GRÈCE.

Ce royaume nouvellement fondé, est borné au N. par la Turquie, à l'O. par la Mer ionienne, au S. par la Méditerranée, à l'Est par l'Archipel. Il a une étendue de 750 lieues carrées. Le mont *Parnasse* (5,500 p.), l'*Oeta* et l'*Hélicon*, célèbres dans l'antiquité et qui se trouvent dans la partie septentrionale de la Grèce, sont une continuation de la branche sud du Balkan. La partie méridionale, le *Péloponèse*, est également traversée par des chaînes de montagnes considérables (*Taygète* 7,400 p.); elles se terminent au S. par le cap *Matapan*. Les rivières sont peu importantes et restent ordinairement à sec pendant l'été. Le sol de la Grèce n'est pas également fertile sur tous les points. Les principales productions sont l'huile d'olive, le coton et les raisins de Corinthe. Les habitants au nombre d'un million environ, sont les descendants des anciens Grecs, si célèbre dans l'histoire; mais le joug du despotisme turc sous lequel ils ont gémi jusqu'en 1821 semble les avoir fait beaucoup dégénérer. Depuis peu la Grèce forme un royaume constitutionnel dont le roi est un prince de la famille royale de Bavière. La Grèce est naturellement composée de trois provinces, divisées aujourd'hui en dix départements.

I. L'HELLADE (Livadie), au N. du golfe de Lépante; elle est séparée de la Turquie par la rivière *Aspropotamo*, le mont *Oeta* et les *Thermopyles*, défilé illustré par la mort de *Léonidas*. *Athènes*, la nouvelle capitale et résidence, éparse entre les ruines de l'ancienne et célèbre Athènes et au pied de l'Acropolis, conserve de précieux restes des chefs-d'œuvre d'architecture qu'on y admirait; 15,000 hab. *Marathon*, bourg, célèbre par la victoire des Grecs sur les Perses, 490 ans avant J.-C. *Thiva* avec les ruines de l'ancienne *Thèbes*; - *Castri* avec celles de *Delphes*. *Livadie* a des teintureries en kermès; 10,000 hab. *Missolonghi*, se défendit avec gloire contre les Turcs en 1826; 4,000 hab.

II. Le PÉLOPONÈSE (presqu'île de Morée), joint à l'Hellade par l'isthme de Corinthe. *Nauplie*, port; 6,000 hab. *Corinthe* ou *Cordos*, autrefois si florissante, n'a plus que 5,000 hab. *Misitra*, non loin des faibles restes de Sparte ou Lacédémone; 15,000 hab. *Navarin*, célèbre par la victoire navale des Français, Anglais et Russes sur les Égyptiens en 1827. *Tripolitza*, ancienne capitale, bâtie sur les ruines de Mantinée. *Napoli-di-Malvasia*, donne son nom a un vin estimé.

III. ILES DE L'ARCHIPEL. *Négrepont* ou *Egribos* (Eubée) en est la plus grande; le chef-lieu du même nom, a un port; 16,000 hab. *Hydra*, avec une ville commerçante du même nom, près du Péloponèse. Les *Cyclades* fournissent des fruits du sud; *Naxos* ou *Naxie* en est la plus considérable; *Paros* a des carrières d'un superbe marbre blanc.

L'ILE DE CANDIE (Crète), au S. de l'Archipel, traversée par une haute chaîne de montagnes (*Psiloriti*, l'Ida des anciens, 7,200 p.) a 300,000 hab. pour la plupart Grecs. Elle appartient aujourd'hui au pacha d'Égypte. *Candie*, chef-lieu; 15,000 hab. *Canée*, port très-commerçant, 10,000 hab.

ILES IONIENNES.

Ces îles, situées dans la Mer ionienne, sur les côtes de la Turquie, à l'entrée de la Mer adriatique, sont au nombre de sept, avec une population de 175,000 habitants, la plupart Grecs. Elles produisent des raisins de Corinthe en grande quantité, du vin, de l'huile d'olive, du coton, de la soie, et forment un état particulier sous la protection du roi de la Grande-Bretagne. Ce sont: *Corfou*, *Paxo*, *St.ᵉ-Maure*, *Théaki* (Ithaque), *Céphalonie*, *Zanté* et *Cérigo*. La ville de *Corfou* est bien fortifiée, a un port franc et 16,000 hab.

ASIE.

L'Asie, située à l'orient de l'Europe, est bornée au N. par la Mer glaciale du Nord; à l'E. par la Mer du Sud ou le Grand-Océan, qui par le détroit de *Behring* ou de *Cook*, entre le N.-E. de l'Asie et le N.-O. de l'Amérique, établit une communication avec la Mer glaciale. Les parties du *Grand-Océan* qui baignent l'Asie sont: la *Mer d'Ochotsk*, la *Mer du Japon*, la *Mer jaune*, la *Mer bleue*, la *Mer de Chine* et le *Golfe de Siam*. L'Asie est bornée au S. par la *Mer des Indes* avec le *Golfe de Bengale* et le *Golfe d'Oman*, le *Golfe persique* et le *Golfe arabique*; à l'O. par le même golfe ou la Mer rouge, l'isthme de Suez qui joint l'Asie à l'Afrique, la Méditerranée et quelques-uns de ses golfes, la *Mer caspienne* et la Russie d'Europe. L'Asie, quatre fois plus grande que l'Europe, a une étendue d'environ 700,000 lieues carrées. L'intérieur de l'Asie est un immense plateau, d'une élévation de 6 à 10,000 pieds. Il est traversé de l'E. à l'O par plusieurs grandes chaines de montagnes. La plus septentrionale est l'*Altaï* (7,000 p.), peu élevé au-dessus du plateau, mais d'une pente considérable vers le nord; la plus méridionale est l'*Himalaya*, la plus haute chaine de montagnes du globe (*Tchamoulari* et *Dhavalagiri* 26,500 p.); elle descend par gradations vers les plaines de l'Indostan. L'*Indou-Kosh* est le prolongement occidental de l'Himalaya. Le *Béloûrlag* termine à l'O. dans la direction du N. au S. ce plateau qui à l'E. s'étend jusqu'à la Mer du Japon. Le voyageur Humboldt qui le premier a fourni des détails sur cette vaste contrée y a observé une longue série de volcans. Indépendamment de ce plateau s'élève dans l'Asie occidentale un autre système de montagnes dont l'*Ararat* (16,000 p.) est à peu près le centre; le *Caucase* (*Elbrous*, 15,000 p.) entre la Mer caspienne et la Mer noire et le *Taurus*

(11,500 p.) dans l'Asie mineure font partie de ce système. Les Monts *Ourals* séparent l'Asie de l'Europe ; les *Ghates* (9,000 p.) traversent l'Indostan du N. au S. Le climat de l'Asie centrale, qui comprend la *Tatarie chinoise*, est sec et froid ; le sol pierreux et stérile est imprégné de sel ; il n'y a que peu de rivières qui presque toutes se perdent dans le désert ; l'*Amou* se jette dans la Mer d'Aral. Le versant septentrional, qui comprend la *Sibérie*, est arrosé par l'*Ob* ou Obi, le *Jénisséi*, la *Léna* et de nombreuses rivières qui y forment des marais et se jettent dans la Mer glaciale ; mais le climat est trop rude pour y produire une belle végétation. L'Asie occidentale et méridionale est en grande partie bien arrosée. L'*Euphrate* et le *Tigre* ont leurs sources dans le Taurus et se jettent dans le golfe persique, l'*Indus* dans le golfe d'Oman ; le *Gange*, le *Bramapoutra* et l'*Iraouaddi* descendent de l'Himalaya et versent leurs eaux dans le golfe de Bengale, le *Camboge*, l'*Yantsé-Kiang* et le *Hoang-ho* dans la Mer de Chine. Les pays arrosés par ces fleuves ont un climat chaud qui y développe une végétation riche et abondante. Le *Samum*, vent dangereux et brûlant règne cependant assez souvent à l'O. et au S. Les pays de l'Asie méridionale sont en commençant à l'O. : la *Turquie d'Asie*, la *Syrie*, l'*Arabie*, la *Perse*, la *Tatarie*, le *Caboul*, les *Indes*, la *Chine* et le *Japon*. C'est en Asie que vécurent les premiers hommes ; c'est là que furent fondés les premiers empires, que furent cultivés les arts et les sciences dès l'antiquité la plus reculée, et que les principales religions prirent naissance. On évalue la population de l'Asie de 4 à 500 millions d'habitants, de la race caucasienne dans la partie occidentale, et de la race mongole dans le reste de l'Asie. Les religions dominantes sont la mahométane, le brahmanisme, le bouddhisme et le lamaïsme.

RUSSIE D'ASIE.

La Russie d'Asie se compose de deux parties distinctes : I. LA SIBÉRIE, qui s'étend depuis les monts Ourals, le long de la Mer glaciale, jusqu'à l'Océan oriental, est un pays plus grand que l'Europe, et couvert de montagnes, de forêts, de marais et de vastes déserts. L'*Oby*, le *Jénisseï* et la *Léna*, en sont les principales rivières ; elles sont toutes très-poissonneuses et se jettent dans la Mer glaciale. Le lac *Baïkal*, entouré de hautes montagnes, a une étendue considérable. L'air est très-froid en Sibérie, surtout dans la partie septentrionale, où l'hiver est long et très-rigoureux, et l'été court et chaud. Toute culture disparaît au nord ; la partie méridionale a un sol assez fertile, mêlé de steppes entrecoupées de nombreux lacs salés. Nous remarquons surtout la steppe des *Kirguises*, nomades et mahométans qui ne reconnaissent qu'en partie l'autorité de l'empereur de Russie. Les mines d'or, de platine, d'argent, de fer et de cuivre, les animaux à fourrure, tels que les renards noirs, les castors, les hermines, les zibelines, les écureuils, sont la principale richesse de la Sibérie. Les habitants, au nombre d'environ 1,700,000, sont pour la plupart nomades, et se nourrissent de la chasse, de la pêche et du renne. *Tobolsk*, capitale de la Sibérie au confluent du Tobol et de l'Irtisch, est le dépôt général des fourrures que les Sibériens fournissent au gouvernement au lieu de tribut ; 17,000 hab. *Catherinebourg*, a des mines très-importantes et de nombreuses usines ; 15,000 hab. *Tomsk*, non loin du confluent du Tom et de l'Obi ; 9,000 hab. *Irkoutsk*, sur l'Angara et près du lac Baïkal, la ville la plus importante de la Sibérie ; 18,000 hab. et *Kiœchta*, ville frontière, font avec la Chine un commerce très-actif, surtout en thé. La presqu'île de *Kamtschatka*, à l'E. de la Sibérie, est très-grande, mais peu peuplée ; elle renferme plusieurs volcans. On y trouve la petite ville de *Nischney-Kamtschatka*, et le bourg de *Saint-Pierre et Saint-Paul*, avec un port sur l'Océan oriental. Les *îles Aleutiennes* et les *Kouriles*, dans l'Océan oriental; ces dernières dépendent en partie du Japon, et sont habitées par des ichtyophages malpropres.

11. Les PAYS CAUCASIENS. On comprend sous ce nom les pays situés entre la Mer caspienne et la Mer noire, et traversés par le *Caucase*. Le *Térek*, le *Kuma* et l'*Aras*, qui se jettent dans la Mer caspienne, et le *Kuban*, qui se décharge dans la Mer d'Azow, en sont les principaux fleuves. Ces pays montueux offrent de gras pâturages et des vallées fertiles. La vigne et la garance s'y trouvent sauvages; il y a beaucoup de sources de pétrole. Les habitants au nombre de 1,800,000 environ, la plupart tatares et nomades, diffèrent les uns des autres sous le rapport de la langue, de la religion, des mœurs et de la civilisation. Plusieurs de ces peuplades ne sont que tributaires des Russes. Les principales parties des pays caucasiens sont : la *Circassie*, sur la Mer noire; les Circassiens ou Tcherkesses se distinguent par leur taille et leur beauté; le *Daghestan*, sur la Mer caspienne; le *Schirwan*, au S. du Daghestan; la *Géorgie*, au S. de la Circassie; la *Mingrélie*, anciennement la *Colchide* et l'*Arménie russe*, autrefois province persane. *Tiflis*, sur le Kur, capitale de la Géorgie, aujourd'hui ville de commerce importante avec un vaste caravanserai; 40,000 hab. *Bakou*, dans le Schirwan, ville et port sur la Mer caspienne. On trouve dans ses environs des sources de naphte; les Guèbres y ont bâti plusieurs petits temples. *Tarkou*, sur la Mer caspienne, ville principale du Daghestan; 10,000 hab. *Erivan*, chef-lieu de l'Arménie, dans une contrée malsaine; 12,000 hab.

TURQUIE D'ASIE.

Cette partie de l'Asie, la portion la plus considérable de l'empire turc, est presque trois fois plus grande que la Turquie d'Europe, dont elle est séparée par la Méditerranée, l'Archipel, le détroit des Dardanelles, la Mer de Marmara et le canal de Constantinople. Le *Taurus*, dans la Natolie, est la principale chaîne de montagnes de la Turquie d'Asie. L'*Euphrate* et le *Tigre*, les deux plus grands fleuves, se réunissent en un seul qui se jette dans le golfe persique, sous le nom de *Schat-el-Arab*. Le lac salin de *Van* est situé vers les frontières de la Perse. Le climat est chaud et agréable; le sol en partie montagneux, en partie plat, est en général très-fertile, quoique mal cultivé. Du blé, du riz, du vin, des fruits délicats, de l'huile d'olive, des pavots dont on tire l'opium, de la soie, du coton, du tabac, des noix de galle, des drogues médicinales, des métaux, de l'écume de mer, sont les principales productions. Parmi les animaux on distingue la chèvre d'Angora, qui a un poil très-fin et soyeux. L'industrie y est plus florissante que dans la Turquie d'Europe; on y fabrique surtout du maroquin, des tapis et des armes blanches. Les sauterelles, le samum, la peste et les tremblements de terre y causent souvent de grands ravages. La Turquie d'Asie, dont la population est de 9 millions environ, comprend cinq provinces.

I. LA NATOLIE, appelée dans le langage du commerce le *Levant*, anciennement l'*Asie mineure*, entre la Méditerranée et la Mer noire, pays célèbre dans l'histoire ancienne. *Koutaïeh*, capitale de la Natolie; 50,000 h. *Smyrne*, la ville la plus riche et la plus commerçante du Levant, sur un golfe de l'Archipel, a un port très-fréquenté et fabrique les plus beaux tapis et des mousselines brodées; 120,000 hab. *Karahissar*, fait un grand commerce d'opium; 50,000 hab. *Pruse* ou *Bourse*, ville belle et commerçante, fabrique des tapis, des mousselines, des étoffes de soie, d'or et d'argent; elle était la capitale de l'empire turc avant la prise de Constantinople; 60,000 hab. *Ismid*, l'ancienne *Nicodémie*, sur la Mer de Marmara, ville commerçante et port; 30,000 h. *Scutari*, ville commerçante, vis-à-vis de Constantinople, dont elle forme pour ainsi dire un des faubourgs, est entourée de cimetières; 33,000 hab. *Angora*, ville renommée par la finesse du poil de ses chèvres, dont on fabrique de beaux schals et du camelot; 20,000 hab. *Tocat*, ville entourée de vignobles et de vergers, fabrique des étoffes de soie, du maroquin et de la vaisselle de cuivre; 60,000 hab. *Amasie*, dans une vallée étroite qui abonde en vins et en fruits délicieux; les maisons sont taillées en partie dans le roc; 35,000 hab. *Konieh* (Iconium), a des carrières d'écume de mer dans ses environs; 30,000 hab. *Cérasonte*, sur la Mer noire, d'où *Lucullus* apporta le cerisier en Italie, 64 ans avant J.-C.

II. AL-DSCHÉSIRA, l'ancienne Mésopotamie, entre l'Euphrate et le Tigre. *Diarbéckir*, capitale sur le Tigre, a des manufactures de maroquin, de coton et de soieries; 50,000 hab. *Mossul*, sur le Tigre, fait un commerce considérable, et fabrique beaucoup de toiles de coton; la mousseline a pris son nom de cette ville; 70,000 hab. Vis-à-vis de Mossul on voit beaucoup de ruines; on suppose qu'elles proviennent de *Ninive*, capitale de l'ancienne Assyrie. *Ourfa*, fait le commerce et fabrique du maroquin; 40,000 hab.

III. LA TURCOMANIE ou L'ARMÉNIE TURQUE, pays très-élevé, entrecoupé de chaînes de montagnes qui font partie du système de l'Ararat. *Erzeroum*, capitale, sur l'Euphrate, fabrique beaucoup d'ustensiles de cuivre, et commerce en pelleteries; 80,000 hab.

IV. LE KURDISTAN, l'ancienne Assyrie, pays très-montagneux, qui fournit les meilleures noix de galle.

La plupart des habitants sont des Kurdes brigands et nomades. *Betlis*, ville forte; 12,000 hab.

V. IRAC-ARABI, l'ancienne Babylonie et la Chaldée; pays plat et fertile le long des fleuves; il nourrit des troupeaux de buffles et de chameaux, et a beaucoup de dattiers; on y trouve plusieurs sources de naphte et de pétrole. Le pacha de ce pays, qui prend le titre de Calife, est à peu près indépendant du sultan turc. *Bagdad*, sur le Tigre, ville forte et commerçante, ornée de riches bazars ou marchés publics, 80,000 hab. *Hella*, sur l'Euphrate, offre dans son voisinage les ruines de l'ancienne *Babylone*; 12,000 hab. *Bassora*, à 18 lieues au-dessous du confluent de l'Euphrate et du Tigre, dans une contrée stérile, fait un grand commerce avec Constantinople et les Indes; 80,000 hab.

Parmi les îles situées dans la Méditerranée, et qui font partie de la Turquie d'Asie, on remarque l'île de *Chypre*, qui en est la plus grande; elle produit un vin excellent, du coton et de la soie. *Nicosie* en est la capitale, 15,000 hab. L'île de *Rhodes*, célèbre par son bois de rose, et par le colosse, autrefois placé à l'entrée du port de sa capitale du même nom et qui a 10,000 hab. *Scio* ou *Chio*, dans l'Archipel, autrefois très-florissante; dévastée par les Turcs en 1822. *Métélin*, (Mitylène, Lesbos), riche en vin, huile, coton et soie.

SYRIE.

La *Syrie*, entre l'Euphrate et la Méditerranée, est traversée par le *Liban* (9,500 p.), et l'*Anti-Liban*, et arrosée par l'*Aasi* (Oronte des anciens). La partie méridionale de ce pays est la *Palestine*, province montagneuse arrosée par le *Jourdain* qui se décharge dans la *Mer morte*, grand lac d'eau saumâtre et bitumineuse; il occupe l'emplacement des anciennes villes de *Sodome* et de *Gomorrhe*. La Syrie est aujourd'hui soumise au pacha d'Égypte, sous la souveraineté nominale du sultan. La population est d'environ 2,500,000 hab., pour la plupart mahométans, parmi lesquels il y a beaucoup d'Arabes nomades. Le coton, le miel, l'huile d'olive et le bitume sont les principales productions de la Syrie. *Alep*, ville très-commerçante et manufacturière; ravagée par un tremblement de terre, en 1822; 80,000 h. *Alexandrette*, dans une contrée malsaine, sert de port à la ville d'Alep. *Tripoli*, ville maritime; 16,000 h. *Saint-Jean-d'Acre*, ville forte et port, célèbre dans l'histoire des croisades, commerce en soie et en coton; 15,000 h. *Séide*, petite ville, l'ancienne *Sidon*. et *Sour*, bourg, élevé sur les ruines de *Tyr*, jadis villes florissantes de la Phénicie. *Damas*, ville grande et centre d'un commerce étendu, fournissait autrefois les meilleures lames d'épée; 150,000 h. *Hamah*, florissante ville de commerce; 60,000 hab. *Tadmor*, village dans le désert, près des magnifiques ruines de Palmyre. *Jérusalem*, autrefois la capitale de la Palestine ou de la Terre-Sainte, déchue de son ancienne splendeur. Le Saint-Sépulcre attire un grand nombre de pélerins grecs et catholiques, auxquels les habitants vendent des chapelets et des reliques. La mosquée bâtie à ce qu'on prétend sur les fondements du temple de Salomon, est la plus révérée après celle de la Mecque; 30,000 hab. *Gaza* et *Jaffa* (Joppé), villes assez commerçantes. *Hébron* a des verreries. *Bethléhem*, village et lieu de naissance de Jésus-Christ; *Tibériade*, sur le lac du même nom, appelé aussi le lac Génézareth ou la Mer de Galilée; *Nazareth*, au pied du mont Tabor; *Naplouse*, l'ancienne *Sichem*, dans la Samarie, près du mont Garizim; *Jéricho*, *Cana*, *Naïn*, *Capernaüm*, et *Ascalon*, petits endroits, dont il est fait mention dans la Bible.

ARABIE.

L'Arabie, au S. de la Turquie d'Asie et de la Syrie, est une vaste presqu'ile entre le golfe persique et le golfe arabique. Elle est traversée le long de la côte occidentale par une chaine de montagnes; les monts *Sinaï* et *Horeb* dans une presqu'ile au nord, sont célèbres dans l'Écriture sainte. L'intérieur de l'Arabie est un plateau assez élevé. On ne trouve en Arabie aucun fleuve navigable, mais seulement des torrents et des ruisseaux. Le climat est très-chaud, mais les nuits sont fraiches; le samum y souffle souvent. Ce pays, en grande partie dépourvu d'eau, hérissé de rochers et couvert d'immenses déserts de sable, offre cependant des cantons fertiles qui produisent le meilleur café, des baumes précieux, de l'encens, de l'aloès, des dattes, de la manne, du séné. Les chevaux y sont de la plus belle race; le chameau, surnommé le vaisseau du désert par les Arabes, est d'une grande utilité pour eux. On estime la population de ce pays, cinq fois plus grand que la France, à 12 millions d'habitants mahométans sunnites. Les Arabes dans le moyen âge avaient fondé le puissant empire des Califes qui s'étendait sur une grande partie de l'Asie, sur tout le nord de l'Afrique et sur l'Espagne. Ils cultivaient alors les sciences avec beaucoup de succès. Parmi les habitants de l'Arabie, ceux appelés *Bédouins*, c'est-à-dire enfants du désert, vivent sous des tentes, mènent une vie nomade et entretiennent beaucoup de bétail; ils pratiquent l'hospitalité en même temps que le brigandage. Ceux qui habitent les villes et les villages, appelés *Maures*, exercent des métiers et se livrent à l'agriculture; ils sont plus civilisés que les Arabes nomades. La secte des *Vahabites* qui ne reconnaissent pas la mission divine de Mahomet, s'était rendue maître d'une grande partie de l'Arabie, au commencement de ce siècle. Ils ont été vaincus par le pacha d'Égypte qui aujourd'hui est le souverain d'une partie de l'Arabie. Ce pays est composé de plusieurs petits états, gouvernés par des princes indépendants, portant le titre d'iman, de scheik, d'émir, de schérif.

La Mecque (Mekka), dans l'Hedjaz, principale ville de l'Arabie. Elle est la patrie de *Mahomet*, et fait un commerce actif; la *Caaba*, maison dans l'enceinte de la grande mosquée, est l'objet d'une ardente vénération de la part des nombreux pélerins mahométans qui se rendent tous les ans à la Mecque; 30,000 h. *Djedda*, sur la Mer rouge, le port de la Mecque; 15,000 hab. *Médine* renferme dans une grande mosquée le tombeau de *Mahomet*, qui fonda dans cette ville en 622 sa religion et son empire. Elle est également visitée par des caravanes de pélerins de tous les pays mahométans; 6,000 hab. *Sana*, capitale de la belle province de l'Yémen et résidence d'un iman. *Moka*, ville et port sur la Mer rouge, non loin du détroit de Bab-el-Mandeb, fait un grand commerce de café; 18,000 hab. *Beit-el-Fakih*, grand entrepôt du café de l'intérieur du pays. *Mascate*, ville commerçante et port dans la province d'Oman à l'entrée du golfe persique; 12,000 hab. *Drehyeh*, autrefois la résidence du scheik des Vahabites, dans la province de Nedjed; 20,000 hab. *Bahrain*, groupe d'îles dans le golfe persique, remarquable par la pêche des perles qui s'y fait. *Socotora*, grande île à l'embouchure du golfe arabique.

PERSE.

La Perse, appelée Iran par les Orientaux, est située entre les pays Caucasiens, la Mer caspienne, le royaume de Caboul, le golfe persique et la Turquie d'Asie. C'est un pays en partie montagneux, surtout au nord, où s'élève l'*Ararat*, et dans les provinces occidentales, en par-

tie plat mais élevé, avec des déserts arides et sablonneux. L'*Aras* est la rivière la plus considérable de la
Perse. Le lac *Urmiah* au nord, est considérable. Le sol
y est généralement-sec, mal cultivé, mais fertilé dans
les vallées et les plaines bien arrosées. Le riz, le vin, des
fruits délicats, du coton, de la soie, des drogues médicinales, du fer, du plomb, du cuivre et du pétrole,
sont ses principales productions. La côte du golfe persique fournit de très-belles perles. Les Persans possèdent beaucoup d'industrie; ils fabriquent des étoffes
de coton et de soie, des schals, des tapis et du maroquin. Le brocart de la Perse surpasse tous les autres en
beauté. La population est de 10 millions d'ames; la religion dominante est la mahométane chiite ou de la
secte d'Ali. Les Guèbres ou Parsis, descendants des anciens Perses, adorent l'être suprême sous le symbole du
soleil ou du feu. La Perse, gouvernée par un roi qui
porte le titre de schah, est divisée en 12 provinces.

Téhéran, dans la province d'Irak-Adjémi, ville mal
bâtie, résidence du schah dont le palais est magnifique;
l'air y est si chaud et si malsain en été, que les habitants la quittent dans cette saison; 50,000 hab. *Casbin*,
ville commerçante et célèbre par sa manufacture d'armes; 25,000 hab. *Ispahan*, jadis la capitale de toute la
Perse et une des plus grandes et des plus belles villes
de l'Orient, est déchue et en partie ruinée par des
guerres; 50,000 hab. *Amadan* a remplacé *Ecbatane*,
ancienne capitale de la Médie. *Schiras*, dans la province
de Farsistan, ou Perse propre, ville située dans une vallée fertile et délicieuse qui fournit de l'huile de roses et
le meilleur vin de la Perse; 30,000 hab. C'est dans la
même province que l'on trouve les ruines de *Persé-
polis*, ancienne capitale de la Perse. *Tauris*, dans la
province d'Adzerbeitjan, ville très-grande qui a de belles
mosquées et de bonnes fabriques de soie et de chagrin,

la seule fonderie de canons en Perse et une manufacture
d'armes; 50,000 hab. *Balfrouch*, dans la province de
Mazandéram, ville de commerce importante, a d'immenses bazars; 100,000 hab.

AFGHANISTAN ou CABOULISTAN.

Cet état, situé entre la Perse, l'Indostan et la Tatarie,
fut formé vers l'an 1750 par les Afghans, peuple guer-
rier et nomade, originaire de la province de Gandahar.
Il est composé de provinces enlevées à la Perse, à l'Indostan et à la Bucharie, renferme des chaînes de montagnes considérables, des vallées très-fertiles, mais aussi
des déserts sablonneux et stériles. L'Afghanistan, appelé
jadis la Perse orientale, se subdivise aujourd'hui dans le
royaume de Caboul et dans les états des khans de Khorassan et de Candahar, qui se sont rendus indépendants.
Il a une population de 14 millions d'ames. L'*Indus* est
le principal fleuve de ce pays. *Caboul*, capitale et résidence du schah, fait un grand commerce; 100,000 hab.
Peichour, sur le Caboul, fabrique des étoffes de soie, et
de coton, et fait un commerce actif; 80,000 hab. *Caché-
mire*, autrefois *Sérinagour*, dans une vallée fertile et élevée de l'Himalaya, fournit les plus beaux schals; 180,000 h.
Balk, grande ville, fabrique des étoffes de soie. *Hérat*,
superbe résidence du khan de Khorassan; 100,000 hab.
Candahar, importante ville de commerce et résidence
d'un khan; 100,000 hab.

BÉLOUDSCHISTAN.

Ce pays, au S. du Caboulistan, est baigné par le
golfe d'Oman. Le sol, plus montagneux que plat, est
fertile où il peut être arrosé. Le Béloudschistan ou le
pays des Béloudsches, est gouverné par un khan, dont
le pouvoir est limité, et a 2 millions d'habitants qui

suivent en grande partie la doctrine de Mahomet. *Ké-la*, capitale et résidence du khan ; elle est ceinte de trois côtés par un mur et du quatrième par un roc escarpé ; 20,000 hab.

INDE.

On donne ce nom à deux grandes presqu'îles qui s'avancent dans la Mer des Indes. Le golfe du *Bengale* et le *Gange* les séparent ; l'une est appelée *Inde en deçà du Gange*, et l'autre *Inde au-delà du Gange*.

INDE EN DEÇA DU GANGE,
ou *presqu'île occidentale de l'Inde*.

Cette presqu'île, nommée aussi *Indostan*, au S. du Thibet dont elle est séparée par l'*Himalaya*, est traversée du N. au S. par les monts *Ghates*, qui vont se terminer au cap *Comorin*, et séparent la côte occidentale ou de *Malabar*, de la côte orientale ou de *Coromandel*. Les principaux fleuves sont l'*Indus* ou le *Sind* qui reçoit le *Setledje* ou *Ghara* et se jette dans l'Océan indien ; le *Gange* auquel se réunit la *Jumna*, se décharge dans le golfe du Bengale. Tous ces fleuves ont leurs sources dans l'Himalaya ; ils débordent et fertilisent les campagnes par leur limon. Le climat est varié, mais en général chaud. Ce pays, le plus beau et le plus riche de toute l'Asie, a un sol extrêmement fertile. Il produit en abondance du riz, d'excellents fruits, du sucre, des épiceries, surtout du poivre, du coton, de l'indigo, de la soie, et sur les côtes des perles. Les éléphants qui fournissent l'ivoire, les buffles, les tigres, les antilopes, les singes et les perroquets habitent en grand nombre les forêts malsaines de l'Inde septentrionale. Le sol renferme des diamants et des rubis. On estime la population de l'Inde en deçà du Gange à 130 millions d'ames. Les habitants primitifs sont les *Hindous*, peuple fort ancien, divisé en quatre principales classes ou castes, savoir: les *Brahmans* ou *Bramines* qui sont les savants et les prêtres; les *Tschatris* ou guerriers, les *Béïses* ou marchands, appelés aussi *Banians*, et les *Souders* ou artisans et ouvriers. La caste la plus méprisée est celle des *Pariahs* qui exercent les plus viles professions. La religion des Hindous est le *Brahmanisme*, qui admet un Être suprême, personnifié en trois principales divinités: *Brahma* (le créateur), *Vischnou* (le conservateur), *Schiwa* (le destructeur), et une foule de divinités inférieures. Ils croient à la métempsycose ou transmigration des ames. Leurs temples sont appelés *pagodes*, et leurs livres sacrés *Védams*, écrits en langue sanscrite, qui n'est plus usitée que comme langue sacrée. Outre les Hindous on trouve dans l'Indostan des Mongols mahométans, des Guèbres, des Juifs et des Européens de différentes nations. Les habitants fabriquent de riches étoffes et des tissus précieux de coton et de soie. Le commerce très-important est pour la plupart entre les mains des Anglais. Cette presqu'ile formait autrefois en grande partie l'empire du *Grand-Mogol*, un des monarques les plus puissants du monde. Presque toute l'Inde en deçà du Gange est aujourd'hui une possession anglaise; les autres nations européennes n'y ont que quelques colonies peu importantes. Plusieurs princes indiens ont maintenu leur indépendance jusqu'à ce jour. Nous commencerons par ceux-ci.

I. ÉTATS INDÉPENDANTS DES PRINCES ASIATIQUES.

1. LES PAYS DES SEIKS au N.-O de l'Indostan. Ils forment une république confédérée sous plusieurs chefs ou rajahs. *Amrétsir*, capitale de la confédération; 50,000 h. *Lahor*, dans la province de Pendjab, ville considérable qui était pendant quelque temps la résidence du Grand-Mogol; elle a beaucoup perdu de son ancienne splendeur.

2. L'ÉTAT DE NÉPAL, entre le Thibet et les possessions anglaises, au pied des plus hautes cimes de l'Himalaya. *Khatmandou*, capitale et résidence du rajah; 50,000 h. *Ghorka*, résidence primitive de la dynastie régnante.

3. L'ÉTAT DES MAHRATTES du rajah Scindiah, au centre de la presqu'île. *Ougein*, capitale et résidence du rajah, et célèbre pèlerinage des Hindous; 150,000 hab. *Gwalior*, ville et forteresse importante, sur un rocher escarpé, haut de 312 pieds; 30,000 hab.

4. LA PRINCIPAUTÉ DE SINDHY, sur l'Indus et sur le golfe d'Oman. *Haïderabad*, sur l'Indus; 20,000 hab. *Tatta*, sur l'Indus; tombe en ruines; 15,000 hab.

5. LES MALDIVES, longue chaîne d'écueils et d'ilots, au nombre de plusieurs milliers, formant 13 groupes ou atollons, au S.-O. de la côte de Malabar. Les rivages fournissent du corail et les *cauris*, coquillage qui sert de monnaie dans plusieurs contrées de l'Asie et de l'Afrique. *Malé* en est la plus grande et la résidence d'un sultan mahométan.

II. POSSESSIONS DES ANGLAIS.

Elles comprennent les trois grandes présidences ou provinces qui jusqu'à nos jours étaient la propriété exclusive de la *Compagnie anglaise* et l'île de Ceylan, et ont une population de 120 millions d'habitants.

1. LA PRÉSIDENCE DU BENGALE OU DE CALCUTTA; pays fertile et riche par ses productions et par l'industrie de ses habitants; il est traversé par le Gange et le Bramapoutra. *Calcutta*, sur le Hougly, bras du Gange, capitale de toutes les possessions anglaises dans l'Inde, et de la province du Bengale. Cette ville, défendue par le fort *William*, est le siége du gouvernement général, fait un commerce étendu, possède plusieurs palais superbes, une célèbre société des sciences, une académie mahométane, et des fabriques importantes de soie, de coton et

de tapis; 700,000 hab. *Murchédabad*, ville commerçante et manufacturière sur le Gange; 165,000 hab. *Dacca*, sur un bras du Gange, a des manufactures florissantes en soieries, mousselines et toiles peintes; 300,000 hab. *Patna*, sur le Gange, fabrique des étoffes de coton et de soie, et fait un commerce considérable de salpêtre et d'opium; 250,000 hab. *Bénarès*, sur le Gange, ville commerçante et principal siége de l'érudition des Hindous. Elle a de belles pagodes, qui attirent beaucoup de pélerins; des fabriques de schals, d'étoffes d'or et d'argent, et une grande foire pour les bijoux et les pierreries; 580,000 hab. *Mirzapour* sur le Gange, a des fabriques d'indigo; 200,000 hab. *Agra*, sur la Jumna, autrefois une des plus grandes villes de l'Indostan; 62,000 h. *Furrukabad*, ville commerçante, non loin du Gange; 70,000 hab. *Delhy*, sur la Jumna, jadis la capitale et la résidence du Grand-Mogol, possède de beaux édifices; 400,000 hab.

2. LA PRÉSIDENCE DE MADRAS, en grande partie sur la côte de Coromandel. *Madras*, dans la province de Carnatic, capitale, sur le golfe du Bengale et défendue par le fort *St.-George*. Elle est très-commerçante, possède des fabriques d'étoffes de coton et de toiles peintes, des verreries et une mission protestante; 350,000 hab. *Négapatam*, ville forte et commerçante. *Séringapatam*, ville très-forte, jadis la résidence du sultan de Mysore; 32,000 hab. *Calicut*, ville maritime et commerçante, où aborda en 1498 *Vasco-di-Gama*, qui découvrit la route maritime aux Indes; 24,000 hab. *Cochin*, jolie ville et port, fait un grand commerce en poivre; 30,000 hab. *Mangalore*, ville forte et port; 40,000 hab. *Masulipatam* possède des fabriques importantes de toiles peintes, a un bon port et fait un commerce actif; 75,000 hab.

3. LA PRÉSIDENCE DE BOMBAY, sur la côte de Malabar. *Bombay*, capitale fortifiée et commerçante dans l'île du

même nom; 165,000 hab. *Pouna*, jadis la résidence du Peischwa, chef des princes Mahrattes; 115,000 h. *Surate*, ville maritime et commerçante dans la province de Guzerate, et défendue par une citadelle, possède des manufactures considérables. Les Hindous y ont deux hôpitaux pour les animaux; 450,000 hab.

4. L'ILE DE CEYLAN, près du cap Comorin, traversée dans l'intérieur par une chaîne de montagnes, dont le pic d'*Adam* (6,400 p.) est la cime la plus élevée. Cette île fertile fournit la meilleure cannelle, des pierreries précieuses, des éléphants et de belles perles, que l'on pêche sur les côtes. *Colombo*, capitale très-forte et port sur la côte occidentale, commerce surtout en cannelle; 50,000 h. *Trinkemale*, ville forte et port, sur la côte orientale. *Candy*, autrefois la résidence du roi de Ceylan.

III. PAYS ALLIÉS ET TRIBUTAIRES DES ANGLAIS.

Les principaux de ces pays sont :

1. L'ÉTAT D'OUDE, sur le Gange. *Lucknow*, capitale et résidence du prince; 300,000 hab.

2. LA PRINCIPAUTÉ DES DJATES, dans la province d'Agra. *Bhurtpore*, ville grande et résidence du rajah.

3. LE PAYS D'AJIMIR, habité par la nation guerrière des Rasboutes. *Odeypour*, *Jypore*, *Joudpore* et *Beykanir*, résidences des rajahs les plus puissants.

4. LES ÉTATS DES PRINCES MAHRATTES, dans les provinces de Guzerate, de Malwah et de Gundwana. *Baroda*, capitale et résidence d'un prince mahratte. *Cambaye*, ville commerçante, sur le golfe du même nom; 30,000 hab. *Ahmédabad* (autrefois *Guzerate*), possède des fabriques importantes de soieries et de coton; 150,000 hab. *Indoure*, capitale et résidence d'un rajah. *Nagpour*, capitale et résidence d'un rajah; 100,000 hab.

5. L'ÉTAT DE HYDERABAD, célèbre par ses riches mines de diamants. *Hyderabad*, capitale et résidence du Nizam

ou roi du pays. Elle est l'entrepôt des diamants qui y sont polis; 200,000 hab. *Golconde*, autrefois la capitale, est maintenant déchue. *Aurungabad*, ville grande et forte, bâtie par l'empereur mongol *Aureng-Zeb*; 60,000 h.

6. L'ÉTAT DE MYSORE (Maïssour), faible reste du puissant empire de *Hyder-Ali*. *Mysore*, capitale, défendue par un fort et résidence du rajah. *Bangalore*, la plus grande ville du pays; 60,000 hab.

7. L'ÉTAT DE TRAVANCORE, comprenant la partie sud-ouest de l'Indostan. *Trivandéram*, capitale et résidence du prince. *Travancore*, ville défendue par un fort.

8. LES LAQUEDIVES, groupe d'îlots, au N. des Maldives; fertiles en riz et en cocotiers.

IV. POSSESSIONS DES FRANÇAIS: *Pondichéry*, ville maritime et commerçante, sur la côte de Coromandel; 15,000 hab. *Chandernagor*, sur le Hougly, bras du Gange, non loin de Calcutta, fabrique beaucoup d'étoffes de coton; 30,000 hab. *Carical*, au sud de Pondichéry. *Mahé*, sur la côte de Malabar.

V. POSSESSIONS DES PORTUGAIS: *Goa*, sur la côte de Malabar, ville très-forte et bon port, fait un grand commerce; 40,000 hab. *Diu*, petite île sur la côte de Guzerate.

VI. POSSESSIONS DES DANOIS: *Tranquebar*, avec le fort de *Dansborg*, sur la côte de Coromandel, ville commerçante et port; elle a une mission protestante; 15,000 hab. *Sérampore*, près de Calcutta.

INDE AU-DELA DU GANGE

ou *presqu'île orientale de l'Inde*.

C'est un pays traversé par plusieurs chaînes de montagnes considérables, dont l'une s'étend jusqu'au cap Romania à l'extrémité méridionale de la presqu'île de Malacca; il est arrosé par plusieurs fleuves: Le *Brahmapoutra* et l'*Iraouaddi* se jettent dans le golfe de Bengàle, le *Ménam* dans le golfe de Siam, et le *Camboge ou Menamkong* dans la Mer de Chine. Quoiqu'en général très-fertile, le pays est pourtant entrecoupé de déserts sablonneux et marécageux. Les forêts immenses dont il est couvert, sont peuplées d'éléphants et de rhinocéros, et fournissent des bois précieux et odoriférants. Parmi les oiseaux on distingue la salangane, espèce d'hirondelle, dont les nids très-recherchés sont mangeables. Les productions sont pour la plupart les mêmes que celles de la presqu'île occidentale. Les habitants, au nombre de 40 millions, sont moins instruits que les Hindous ; ils professent en partie la religion de Boudha, branche du brahmanisme dont les prêtres sont appelés *Bonzes* ou *Talapoins*, en partie celle de Mahomet. Les états de cette presqu'île sont peu connus des Européens. Depuis quelques années cependant les Anglais y ont des possessions importantes.

I. POSSESSIONS ANGLAISES, conquises en partie sur les Birmans. *Arracan*, ville avec la province du même nom au N.-E. du golfe de Bengale ; 20,000 hab. *Tavay*, *Merghi* et *Tanasserim* au N. de Malacca ; l'île de *Poulo-Pinang* à l'O. de la même presqu'île avec le port de *Georgetown* qui fait un grand commerce ; 20,000 hab. ; on y cultive avec succès le poivrier, le muscadier et le giroflier. La ville de *Malacca* sur le détroit du même nom, et au pied du mont Ophir. *Singapour*, excellent port dans une île très-fertile à l'O. du cap Romania. Cette colonie fondée depuis peu d'années, est aujourd'hui une des plus florissantes. *Cornwallis*, port de l'île d'Andaman, dans le golfe de Bengale.

II. L'état d'ASCHEM, la partie N.-O. de la presqu'île, arrosée par le Brahmapoutra. *Jorgaut*, capitale et résidence du rajah. *Ghergong*, ancienne capitale presque abandonnée.

III. L'empire BIRMAN, sur le golfe du Bengale, comprenant les pays d'*Ava* et de *Pégu*, qui formaient autrefois des états particuliers, et une partie du *Siam*. *Ava*, détruit par la guerre, est de nouveau la résidence de l'empereur birman. *Ummerapoura*, la ville la plus florissante de l'empire, non loin du fleuve Iraouaddi et visà-vis-d'*Ava*; 150,000 hab. *Pégu*, sur l'Iraouaddi, fabrique des étoffes de soie et de coton. *Ranguhn*, ville maritime et commerçante, bâtie sur pilotis; 30,000 hab.

IV. L'état de SIAM, arrosé par le *Ménam*, dont les inondations sont aussi bienfaisantes que celles du Nil. *Bankok*, à l'embouchure du Ménam, capitale et résidence, ville très-étendue. *Julhia*, bâtie sur pilotis et entrecoupée de canaux; 120,000 hab.

V. L'empire d'ANNAM, occupe la partie orientale de la presqu'ile, et comprend les pays de *Tonquin*, de *Cochinchine*, de *Camboge* et de *Laos*. C'est l'état le plus puissant de l'Inde au-delà du Gange; il ne nous est que peu connu. *Cachao* (Cajao), ancienne capitale du ci-devant royaume de Tonquin. *Hué*, sur la rivière du même nom, capitale et résidence de l'empereur, dans la Cochinchine. *Camboge*, sur le Ménam-Kong, dans la province du même nom. *Saigon* (*Loknoui*), fait un commerce actif avec la Chine. *Lanjang*, principale ville de la province presque inconnue de Laos.

VI. La presqu'ile de MALACCA, langue de terre très-allongée, habitée par des Malais, fournit le meilleur étain, du poivre et de l'ivoire. Elle est divisée en plusieurs petits royaumes. *Quéda*, ville et port.

VII. Les iles d'ANDAMAN (grande et petite) et de NICOBAR sont situées dans le golfe de Bengale.

Les *îles de l'Archipel indien* voyez dans l'Océanie.

JAPON.

L'empire du Japon, l'état le plus oriental de l'ancien monde, à l'E. de la Chine et de la Corée, est composé

de quatre grandes îles et de beaucoup de petites, situées
entre le Grand-Océan et la Mer du Japon. Tout le pays
est couvert de montagnes élevées, dont plusieurs sont
des volcans. Le climat est très-variable; on y éprouve
tour à tour les extrêmes du chaud et du froid. Les
orages et les tremblements de terre y sont très-fréquents.
Le sol de ces îles est pierreux et ingrat, mais les tra-
vaux des Japonais l'ont rendu fertile. Elles produisent
du blé, du riz, du coton, de la soie, des fruits, du
thé, le camphrier, l'arbre à vernis, de superbes bam-
bous, une espèce de mûrier dont l'écorce sert à faire du
papier; on y trouve de l'or, de l'argent, du cuivre de
la meilleure qualité, du fer, de l'étain, de la terre à
porcelaine et des pierreries. On évalue la population à
25 millions d'ames. La religion du pays la plus répandue est le Bouddhisme; le christianisme introduit dans
le 17.e siècle a été extirpé par des persécutions sanglantes.
Les Japonais surpassent toutes les autres nations asiati-
ques dans les sciences et les arts. Ils fabriquent de belles
étoffes de soie et de coton, de la porcelaine fine, des
objets de métal, des ouvrages vernissés et de beau papier.
Leurs relations commerciales ne s'étendent pas au-delà de
la Chine et de la Corée, car il est défendu sous peine de
mort à tout Japonais de quitter son pays. A la tête du
gouvernement, qui est despotique, sont deux chefs appelés communément empereurs, dont l'un, le *Daïri*,
ecclésiastique, jouit des plus grands honneurs; l'autre,
le *Kubo*, séculier, a le plus de pouvoir.

Les quatre principales îles du Japon sont *Niphon*, la
plus grande, *Ximo* ou *Kiusiu*, *Xicoco* ou *Sikof* et *Jesso*
ou *Matsmaï*; cette dernière n'est que peu connue.

Jédo, dans l'île de Niphon, capitale et résidence du
Kubo, fait un grand commerce; elle doit renfermer plus
d'un million d'ames. *Miaco*, dans la même île, résidence du Daïri, et principal siége de l'érudition, des

fabriques et du commerce; 600,000 hab. *Nangasaki*, dans l'île de *Ximo*, ville commerçante et port, où les Hollandais et les Chinois seuls ont la permission de trafiquer.

L'archipel de *Lieu-Kieu* est composée de 36 îles très-fertiles, qui dépendent en partie du Japon, en partie de la Chine.

EMPIRE CHINOIS.

Cet empire, le plus grand après celui de la Russie, et le plus peuplé de toute la terre, comprend presque tout le plateau central et la partie orientale de l'Asie; il est limité par le mont *Altaï*, le *Belourtag*, l'*Himalaya*, l'Inde et différentes parties du Grand-Océan. Sa population paraît être d'environ 230 millions d'habitants; il peut se diviser en deux grandes partie: la Chine proprement dite et les pays tributaires.

CHINE.

La Chine est bornée par la Mer jaune, la Mer bleue, la Mer de Chine, la presqu'île au-delà du Gange et le Thibet; elle est séparée en partie de la Mongolie et de la Tungousie par la grande et ancienne muraille, longue de 450 lieues. La Chine entourée de trois côtés de hautes chaînes de montagnes, présente au centre et à l'E. une vaste plaine très-fertile, arrosée par de nombreuses rivières, qui pour la plupart se déchargent dans le *Hoangho* (fleuve jaune), ou dans l'*Yang-tse-Kiang* (fleuve bleu), les deux plus grands fleuves de la Chine. Ce pays est traversé en outre par une multitude de canaux, dont le principal est le *canal impérial*, qui a un développement de 300 lieues. Le climat est salubre et chaud; les contrées septentrionales ont cependant un hiver rigoureux. Le sol est en général très-fertile et cultivé avec le plus grand soin; l'agriculture est honorée en Chine par l'exemple du monarque. Les principales productions sont le thé, feuille d'un arbrisseau (on en exporte 50 millions de livres par an), le riz, le coton, surtout le coton jaune-rouge, dont on fait le nankin; la soie, la rhubarbe, le ginseng, plante dont la racine est très-estimée en médecine, des arbres à vernis, à cire, à savon et à suif. Parmi les oiseaux on remarque les faisans dorés et argentés, et parmi les poissons, les dorades. On y trouve une excellente terre à porcelaine. Le nombre des habitants est d'environ 150 millions; leur langue n'est composée que de monosyllabes, et leur écriture non-alphabétique est une espèce d'hiéroglyphes. Les principales religions professées en Chine sont celle du célèbre philosophe *Confucius*, celle de *Fo*, branche du Bouddhisme, dont les prêtres sont appelés *Bonzes*, et celle de *Laokiun*. Les Chinois sont un peuple très-ancien; ils ont atteint de bonne heure un haut degré de civilisation; ils ont connu avant les Européens l'imprimerie en planches gravées, la poudre à canon, la boussole et l'art de fabriquer de la porcelaine; leurs étoffes de soie et de coton, leurs couleurs, leur porcelaine, leurs ouvrages vernissés sont recherchés dans le commerce. Mais comme la haute idée qu'ils ont d'eux-mêmes les empêche de profiter des inventions et des découvertes d'autres nations, ils n'ont fait aucun progrès depuis plusieurs siècles. La Chine est gouvernée despotiquement par un empereur d'une tribu tatare-mandchoue, et par ses mandarins, qui remplissent les principaux postes civils et militaires. On la divise en 19 provinces.

Pékin, capitale et résidence ordinaire de l'empereur, est la plus grande ville du monde; elle a 10 lieues de circuit, sans les faubourgs, une quantité de palais, et doit renfermer deux millions d'habitants, selon d'autres seulement 800,000. *Nankin*, sur l'Yang-tse-Kiang, au sud de Pékin, ville très-grande qui a beaucoup de manufactures de soie et de coton. On y voit la fameuse tour de porcelaine à 9 étages et haute de 200 pieds ; la population est d'un million d'ames. *Canton*, la ville la plus commerçante de la Chine ; son port est le seul où les Européens aient la liberté de faire le commerce. Elle a environ 400,000 habitants, dont un grand nombre demeurent dans des barques. *Macao*, ville et port dans l'île du même nom, à l'entrée du golfe de Canton ; elle appartient aux Portugais sous la souveraineté chinoise ; 20,000 hab. Les autres villes de la Chine dont plusieurs sont très-peuplées, ne sont qu'imparfaitement connues des Européens. *Formose* et *Hainan*, îles très-fertiles.

PAYS TRIBUTAIRES DE LA CHINE.

I. La presqu'île de CORÉE, au N.-E. de la Chine, est un pays fertile et bien cultivé au sud ; montagneux, couvert de forêts et stérile au nord. Il a une population d'environ deux millions d'habitants qui ressemblent beaucoup aux Chinois et professent les mêmes religions. *King-ki-tao* ou *Han-yang*, capitale et résidence du roi tributaire de l'empereur de la Chine.

II. La MANDCHOURIE ou la TUNGOUSIE, au N. de la Chine et de la Corée, est un pays montagneux, couvert de forêts dans l'intérieur, fertile sur les côtes et traversé par l'*Amur*, dont il prend aussi le nom de *pays d'Amur*. Les habitants, au nombre de 1,700,000, sont les Tungouses, divisés en plusieurs tribus, dont celle des Mandchoux, a fait la conquête de la Chine. Ils sont en partie nomades et professent la religion de *Fo* et celle de *Confucius*. *Tsitsicar*, principale ville du pays et lieu d'exil des Chinois. *Tschoka* ou *Saghalien*, grande île à l'embouchure de l'Amur.

III. La MONGOLIE, entre la Tatarie, le Thibet, la Chine, la Tungousie et la Sibérie. C'est un pays très-grand, mais peu peuplé. On estime sa population à environ deux ou trois millions d'ames. Il est traversé en partie par le grand désert de *Schamo* ou de *Cobi*, plateau très-élevé et froid, et par des chaînes de montagnes très-hautes, surtout par le *Grand-Altaï*. On y trouve plusieurs espèces de pierres fines, telles qu'agates, jaspes, cornalines, ainsi que le cheval sauvage et le dchigataï qui lui ressemble. Le sol est pour la plupart sablonneux et peu cultivé. On divise la Mongolie d'après ses habitants, les Mongols et les Kalmouks, en deux parties, la *Mongolie* et la *Kalmoukie*. Ces deux peuples mènent une vie nomade, professent la religion lamaïque, et sont gouvernés par des khans, sous la souveraineté de la Chine. *Urga*, résidence du Kutuchtu (chef de la religion lamaïque de la Mongolie) et d'un prince kalmouk. *Dschéhol*, résidence d'été du monarque chinois.

IV. LA PETITE-BUCHARIE, à l'O. de la Mongolie ; pays traversé par le *Mus-tag* et d'autres chaînes de montagnes, renferme une partie du désert de *Cobi* et beaucoup de steppes. Le *Jerken*, qui se jette dans le lac *Lop*, en est la principale rivière. Les contrées fertiles produisent du blé, du vin et des fruits. Les habitants, au nombre d'environ un million, sont des Tatares mahométans. *Jerken* ou *Yarkand*, capitale très-peuplée et commerçante.

V. LE THIBET, au N. de l'Inde dont il est séparé par les monts *Himalaya*, est situé sur le plateau le plus élevé de l'Asie, et traversé par de hautes chaînes de montagnes. Il renferme la cime du Tchamoulari et du Dhavalagiri, les sources du *Gangé*, du *Brahmapoutra*, de l'*Yang-tse-Kiang* et d'autres grands fleuves. La principale richesse de ce pays, qu'on a comparé à la Suisse, consiste en buffles à queue flottante et lustrée, et en chèvres renommées pour leur beau poil dont on fait des schals très-fins ; on y trouve aussi le musc qui fournit la drogue précieuse, connue sous le même nom, beaucoup de métaux, du borax, production saline, et du sel de roche en quantité immense. On évalue la population à environ 12 millions d'ames. Ce pays est le principal siége de la religion lamaïque, et gouverné par deux chefs ecclésiastiques, le *Dalaï-Lama* et le *Bogdo-Lama*. Le Dalaï-Lama ou suprême pontife, qui a sous ses ordres un nombreux clergé, est révéré dans tous les pays où le lamaïsme est professé, comme une divinité visible. *Hlassa*, sur le Brahmapoutra, capitale du Thibet, ville grande et peuplée. *Poutala*, à trois lieues de Hlassa, célèbre couvent et résidence ordinaire du Dalaï-Lama. *Tischu-Lumbu*, résidence du Tischu- ou Bogdo-Lama. *Tassisudon*, principale ville du *Boutan*, partie méridionale du Thibet.

TATARIE.

On donne ce nom, de même que celui de *Tatarie indépendante*, ou de *Turkestan*, à cette étendue de pays comprise entre la Mer caspienne, la Perse, le Caboulistan, le Thibet, la Mongolie et la Sibérie. Ce vaste pays, qui forme le versant occidental du *Bélour-tag* est peu propre à l'agriculture, mais riche en excellents pâturages, qui nourrissent de nombreux troupeaux. D'immenses steppes occupent une bonne moitié de la Tatarie, qui possède néanmoins des confrées fertiles en blé, vin, fruits et coton. L'*Amou* et le *Sir* ou *Sihon* traversent la Tatarie et se jettent dans la Mer d'*Aral*; principal lac du pays. Les habitants, au nombre d'environ quatre millions, sont des Tatares mahométans de diverses tribus, la plupart nomades et gouvernés par des khans ou par les anciens des tribus. Les principales parties de la Tatarie sont: la *grande Bucharie*, le khanat de *Khokan* et celui de *Khiva*. *Buchara*, sur la rivière de Sogd, ville grande et commerçante, qui a donné son nom à la Bucharie, partie méridionale de la Tatarie; 100,000 h. *Samarcande*, sur le Sogd, ville grande et peuplée; elle a une célèbre académie mahométane, et fabrique de beau papier de soie; 50,000 hab. La ville de *Khokan* sur le Sir, a 30,000 hab. *Taschkent*, sur le Sihon, commerce en soie et en coton; 40,000 h. *Khiva* sur l'Amou; 10,000 hab.

AFRIQUE.

L'Afrique est une grande presqu'île, jointe à l'Asie par l'isthme de Suez, et entourée de la Méditerranée, de l'Océan atlantique avec le Golfe de Guinée, de la Mer des Indes et du Golfe arabique; elle n'est séparé de l'Europe que par le détroit de Gibraltar, et de l'Arabie méridionale par celui de Bab-el-Mandeb. Elle a une étendue d'environ 530,000 lieues carrées, dont une grande partie est encore trop peu connue pour permettre de donner un aperçu général de la configuration du sol. Depuis le commencement de ce siècle un grand nombre de voyageurs distingués ont cependant fourni des notions plus exactes sur cette partie du monde, autrefois presque fabuleuse; nous ne nommerons que Mungo-Park, Caillaud, Denham, Clapperton, les frères Lander et Douville. Les principales chaînes de montagnes sont l'*Atlas* (12,000 p.), au nord de l'Afrique, duquel l'Océan atlantique a pris son nom; les *monts de Kong*, à l'O.; les *monts de la Lune*, au centre; les *Alpes abyssiniennes* (13,000 p.), à l'E.; le *Lupata* ou l'*Épine du monde*, au S., se terminant par le cap de *Bonne-Espérance*. Les principaux fleuves sont le *Nil* avec son affluent le *Bahr-el-Abiad* dont les sources sont inconnues, au N.-E.; le *Sénégal*, la *Gambie* et le *Joliba* ou le *Quorra* (le Niger) à l'O.; le *Zaïre* ou le *Congo*, au S.-E. Le plus grand lac de cette partie du monde est celui de *Tchad* au centre. Comme l'Afrique est située en grande partie dans la zône torride, le climat y est très-chaud; l'ardeur du soleil est encore augmentée par les déserts brûlants de sable, où règnent souvent le *Samum* et le *Harmattan*, vents ardents qui suffoquent les hommes et les animaux; l'air n'est tempéré que sur les côtes. Le sol est en grande partie aride et stérile, mais dans les contrées où les eaux ne manquent pas, la végétation montre une grande richesse. On évalue la population de l'Afrique de 70 à 100 millions d'ames. Elle serait plus forte sans l'infame traite des nègres qui se faisait autrefois, et qui se fait en partie encore sur les côtes occidentales, quoiqu'elle soit prohibée aujourd'hui. Les habitants de la côte septentrionale, les Berbers, sont de race caucasienne; le reste de l'Afrique est occupé par la race des Nègres. De nombreux Arabes ou Maures sont établis depuis des siècles dans une grande partie de l'Afrique. Le mahométisme et le fétichisme sont les deux religions dominantes en Afrique. On peut diviser cette partie du monde en *Afrique septentrionale*, qui contient l'Égypte, la Barbarie et le Bilédulgérid; en *Afrique centrale*, qui comprend le Sahara, la Nubie, l'Abyssinie, les côtes d'Adel et d'Ajan, le Soudan, la Sénégambie et la Haute-Guinée; en *Afrique méridionale*, où l'on trouve la Basse-Guinée, divers états dans l'intérieur, les côtes de Zanguebar et de Mozambique, la Cafrérie et le Pays du Cap, et en *îles* situées à l'E. et à l'O. de l'Afrique.

ÉGYPTE.

L'Égypte, entourée de la Méditerranée, de l'Arabie, de la Mer rouge, de la Nubie, et des déserts de Barca et de Lybie, forme une longue vallée entre les collines arides du désert à l'O. et une chaîne de montagnes granitiques le long de la Mer rouge; elle est traversée par le *Nil*, qui se jette dans la Méditerranée. Ce pays est

un des plus remarquables du monde, tant par sa constitution physique, que par ses monuments qui sont de
la plus haute antiquité. Le sol y est sablonneux et ne
renferme pas une seule source; mais les débordements
annuels du Nil et le précieux limon qu'il dépose sur les
campagnes, fécondent la terre; cependant cette fertilité ne
s'étend que sur les terrains bas, susceptibles d'être inon-
dés. De tout tems on a cherché à élargir cette région par des
écluses, des digues, des canaux et des lacs d'irrigation. Le
climat est très-chaud et l'air souvent malsain; le khamsin,
vent embrasé et suffoquant, chargé d'une poussière subtile
qui cause des ophthalmies, de même que la peste et les
sauterelles sont de grands fléaux pour ce pays. L'Égypte
produit du blé, du dourra, espèce de millet, du riz,
du chanvre, du lin, des légumes, des cannes à sucre,
des dattes, quelques fruits du sud, du pavot, du coton, le lotus, plante aquatique sacrée chez les anciens
Égyptiens, et le papyrus, roseau dont on fabriquait autrefois du papier; on y trouve des lions, des chacals, ainsi que
l'hippopotame, le crocodile, l'ichneumon, la gazelle,
l'ibis, beaucoup de poules que les Égyptiens font éclore
dans des fours, du sel et du natron. Les habitants, au
nombre de 4,300,000, sont des Coptes, des Arabes et
des Turcs. L'Égypte, dont le Sultan turc n'est souverain
que de nom, est gouvernée par un pacha indépendant;
elle possède aujourd'hui des fabriques importantes,
surtout de toile de coton; elle peut se diviser en trois
provinces.

I. La Basse-Égypte, dont la portion comprise entre
les deux bras du Nil est appelée *Delta* (Δ, D grec), à
cause de sa forme triangulaire; c'est la partie la plus
fertile. *Alexandrie*, sur la Méditerranée près de l'une des
embouchures du Nil, fondée par *Alexandre le Grand*,
était long-temps la capitale de l'Égypte, et jadis célèbre
par son académie et sa bibliothèque. Elle était l'entrepôt

du commerce européen avec les Indes, avant la découverte du cap de Bonne-Espérance. Cette ville est bien
déchue de son ancienne splendeur; on y voit encore la
colonne dite de Pompée, haute de 88 pieds; le fameux
phare était dans son voisinage; 15,000 hab. *Aboukir*,
bourg, sur la Méditerranée, célèbre par la bataille navale de 1798, entre les Anglais et les Français. *Damiette*
et *Rosette*, sur le Nil, villes manufacturières et commerçantes.

II. La Moyenne-Égypte: le *Caire* (Kahira), sur le Nil,
capitale de tout le pays, fabrique du camelot, des tapis, du sel ammoniac, et fait un grand commerce par
caravanes; son port est dans le faubourg de *Boulak*, qui
a de grandes fabriques de toiles de coton; 126,000 hab. Près
du Caire est l'île de *Rodda*, dans le Nil, où se trouve le
nilomètre (*mékias*), échelle qui sert à mesurer la crue du
Nil, lors de son débordement. *Gizéh*, petite ville, non
loin du Caire; on voit dans son voisinage les quatre
grandes pyramides dont la plus haute a 448 pieds, la
statue colossale d'un sphynx, des grottes de momies,
et les ruines de *Memphis*, ancienne capitale de l'Égypte.
Suez, petite ville et port à l'extrémité septentrionale de
la Mer rouge, sur l'isthme du même nom. Des bateaux
à vapeur vont depuis quelque tems de cette ville aux
Indes. C'est dans cette province qu'on trouve le lac *Bir-
ket-el-Karoun*, autrefois *Moeris*, près duquel il y a beaucoup de ruines, qui paraissent provenir du fameux la-
byrinthe.

III. La Haute-Égypte: *Siout*, non loin du Nil, est le
rendez-vous des caravanes pour le Soudan; 15,000 hab.
Girgé, sur le Nil, fait un commerce assez considérable.
Denderah (Tentyris), village, avec les ruines d'un temple d'Isis; le Zodiaque qui existait au plafond de ce
temple, fut transporté à Paris en 1822. *Luxor* (Louq-
sor), bâti sur l'emplacement de *Thèbes* dont les ruines

font l'admiration des voyageurs; un magnifique obélisque a été transporté de ce village à Paris en 1834. *Esnèh*,
où l'on voit les restes d'un superbe temple couvert
d'hiéroglyphes. *Assouan* (Syène), près de la cataracte
inférieure du Nil, et de l'île d'*Éléphantine*, célèbre par
ses monuments antiques. A l'O. de l'Égypte sont les
déserts de *Barca* et de *Lybie*, avec des *Oasis*, lieux
fertiles et cultivés, îles verdoyantes et fleuries, au milieu
des mers de sables arides et brûlants.

Le pacha d'Égypte possède en Europe l'île de *Candie*,
en Asie la *Syrie* et une partie de l'*Arabie*.

BARBARIE.

On donne ce nom, qui est dérivé de celui de ses anciens
habitants les *Berbers*, à toute la côte septentrionale de
l'Afrique, qui s'étend le long de la Méditerranée, depuis l'Egypte jusqu'à l'Océan atlantique. La double chaîne
du grand et du petit *Atlas* traverse ce pays dans toute
sa longueur. Le climat est tempéré sur les côtes, et très-
chaud dans l'intérieur. A l'exception de quelques déserts
sablonneux, le sol, quoique mal cultivé, est fertile partout où des eaux suffisantes viennent au secours de sa
fécondité et de la chaleur du climat. Le blé et des fruits
du sud sont les principales productions; les chevaux de
race arabe sont fort estimés. Les habitants, au nombre
d'environ 14 millions, sont des Maures et des Berbers;
on y trouve aussi beaucoup de juifs. La Barbarie comprend les états de *Tripoli*, de *Tunis*, d'*Alger* et de *Maroc*, appelés ensemble *États Barbaresques*, et qui se livraient
autrefois à la piraterie.

I. L'ÉTAT DE TRIPOLI, à l'O. du désert de Barca. *Tripoli*, capitale et résidence du dey, sur la Méditerranée,
a un port et fabrique du maroquin; 15,000 hab. Le pays
de *Fezzan* est situé au sud de l'état de Tripoli. *Mourzouk*,

ville commerçante et résidence du sultan tributaire du dey de Tripoli; 20,000 hab.

II. L'ÉTAT DE TUNIS, à l'O. de celui de Tripoli. *Tunis*, capitale fortifiée et port sur la Méditerranée, non loin des ruines de l'ancienne Carthage. Elle a des fabriques de soieries, d'étoffes de laine, et fait un grand commerce par mer et par caravanes. En 1270 *Saint-Louis* y mourut de la peste; 130,000 hab. *Barda*, près de Tunis, palais vaste et fortifié où réside le bey. *Kairvan*, a une superbe mosquée; 50,000 hab.

III. L'ÉTAT D'ALGER, entre celui de Tunis et l'empire de Maroc. Le sol très-fertile, surtout dans les vallées, produit du blé, des dattes, des olives; on commence à y cultiver l'indigo. Le nombre des habitants est d'environ 1,800,000. Conquis par les Français en 1830 cet état deviendra peut-être une colonie importante. *Alger*, capitale très-forte et port sur la Méditerranée; elle est très-commerçante et fabrique du maroquin; 80,000 hab. *Constantine*, ville considérable et résidence d'un dey indépendant, a des ruines romaines. 40,000 hab. *Oran et Masalquivir*, villes fortes et ports. *Bougie et Bone*, ports sur la Méditerranée.

IV. L'EMPIRE DE MAROC, s'étend depuis l'état d'Alger jusqu'à l'Océan atlantique. *Fez*, capitale, au pied du mont Atlas, est la ville la plus belle et la plus riche de la Barbarie; elle a une académie, de nombreuses mosquées, des fabriques de soie, de laine, de maroquin et fait un grand commerce par caravanes; 100,000 hab. *Méquinez* a un château qui sert de résidence à l'empereur et fabrique du maroquin; 15,000 hab. *Tétuan*, forteresse et port sur la Méditerranée; 20,000 hab. *Ceuta*, sur le détroit de Gibraltar, ville forte et port, appartient aux Espagnols; 8,000 hab. *Tanger*, sur le même détroit, a un château et un port; 10,000 hab. *Maroc*, résidence de l'empereur ou sultan, fabrique du maroquin rouge; 30,000 h.

Mogador ou *Souéra*, sur l'Océan atlantique, ville forte
et port très-commerçant; 36,000 hab. *Tafilet*, rendez-
vous des caravanes allant dans l'intérieur de l'Afrique.

BILÉDULGÉRID.

Ce pays, dont le nom arabe *Belad-al-Dschérid* veut
dire pays des dattes, s'étend au S. des états de Tunis et
d'Alger. C'est un pays de steppes arides, dans lequel s'é-
lèvent des oasis, qui produisent surtout des dattes. *To-
zer*, ville et principal marché des dattes.

SAHARA.

Cette vaste contrée, six fois plus grande que la France,
et dont le nom signifie dans la langue arabe un désert,
s'étend au sud de la Barbarie et du Bilédulgérid et se termine à l'O. par le *Cap blanc* et le cap *Boyador*. Le sol de cet
immense désert, le plus grand du globe, est couvert à l'E.
de cailloux et à l'O. de sables mouvants et très-fins. Il n'offre que quelques oasis fertiles et arrosées; elles fournissent
des dattes et de la gomme, et nourrissent des animaux
féroces, des gazelles et des troupes nombreuses d'autruches, dont les plumes sont un important article de commerce. Au S.-O. il y a du sel de roche. Les habitants
nomades des oasis et les voyageurs ne se hasardent à tra-
verser le désert qu'en prenant beaucoup de précautions.
Les *Touariks* qui habitent les oasis du centre se livrent
au brigandage. Au S. du Sahara les Français avaient autrefois des établissements à *Portendik* sur l'Océan atlantique, et dans l'île d'*Arguin*.

NUBIE.

La Nubie, située au sud de l'Égypte, est traversée par
le *Nil* et son affluent le *Bahr-el-Abiad*, et renferme des
déserts affreux, dont celui de *Bahiouda* occupe une

grande partie du pays. Le climat est très-chaud ; le sol n'est fertile que dans le voisinage des fleuves. Le blé, le riz, le tef, espèce de millet, des dattes, dont les Nubiens font une boisson fermentée, de la gomme, du bois d'ébène et de sandal sont les principales productions du pays. Des réstes d'une architecture gigantesque y étonnent le voyageur comme en Égypte. La Nubie est composée de plusieurs états, dont ceux de *Dongala* et de *Sennaar* sont les plus remarquables. *Sennaar*, sur un bras du Nil, dans le royaume du même nom, est la ville la plus grande et la plus commerçante de la Nubie ; 100,000 hab. Les états de *Kordofan* et de *Darfour* sont situés au S.-O. de la Nubie. *Cobbé*, ville de commerce dans le Darfour.

ABYSSINIE.

Ce pays peu connu, situé au sud de la Nubie, est très-élevé et couvert de hautes montagnes, appelées les *Alpes abyssiniennes*, qui renferment les sources du Nil. Il abonde en blé, surtout en tef, riz, millet, cannes à sucre, café, séné, coton, bois d'ébène et de sandal ; on en tire de la poudre d'or, des plumes d'autruches et de l'ivoire ; il y a des zèbres, des giraffes, des rhinocéros, des lions et des hyènes. La religion des Abyssins est la chrétienne copte, mêlée de judaïsme et de pratiques superstitieuses, et dont le chef est appelé *Abuna*, c'est-à-dire notre père. On y trouve aussi des mahométans et des nègres payens de la nation des *Gallus*, qui y étendent de plus en plus leur pouvoir. L'Abyssinie (Habésch), gouvernée autrefois par un roi, appelé le *Grand-Négus*, est maintenant divisée en plusieurs états indépendants. *Gondar*, capitale du pays d'Amhara, et résidence d'un roi, n'a aujourd'hui que 10,000 hab. *Massuah*, sur la mer rouge, est le seul port de l'Abyssinie.

COTE ORIENTALE.

Les pays de cette côte, la plupart peu connus des Européens, s'étendent le long de l'Océan indien. L'intérieur est montagneux, les côtes sont basses et exposées aux inondations de la mer. Ils fournissent du coton, de la gomme, de l'ivoire, de la poudre d'or et d'autres productions africaines, et sont habités en grande partie par des Arabes et des nègres. Les Portugais y ont quelques établissements mal entretenus. Les parties de cette côte sont :

1. La côte d'Adel, depuis le détroit de Bab-el-Mandeb jusqu'au cap Guardafui. *Auxa*, résidence du souverain.

2. La côte d'Ajan, au S. de la précédente. *Magadoxo*, ville forte et port. *Brava*, ville et port.

3. La côte de Zanguebar (Zanzibar), avec l'île du même nom, au S. de la côte d'Ajan. Les Portugais y ont des établissements. *Mélinde*, *Monbaza* et *Quiloa*, principales villes des royaumes du même nom.

4. La côte de Mozambique, en face de l'île de Madagascar. *Mozambique*, ville forte et port, dans l'île et sur le canal du même nom, appartient aux Portugais.

5. La côte de Séna, au S. de la précédente, renferme plusieurs royaumes, dont celui de *Monomopata*, dans l'intérieur, arrosé par le *Zambèze*, et celui de *Sofala*, sur les côtes, sont les plus importants.

SOUDAN.

Ce vaste pays encore peu connu, appelé autrefois Nigritie, est situé dans l'intérieur de l'Afrique, au sud du Sahara. Il est traversé par les montagnes de *Kong*, et arrosé par le *Joliba* ou *Quorra* (Niger), qui prend sa source dans les monts de Kong, se dirige d'abord à l'E. puis au S. et se décharge dans le golfe de Guinée par plusieurs embouchures dont les principales sont le *Nun* et le *Benin*. Le cours de ce fleuve n'est connu que depuis le voyage des frères Lander en 1830. Les rivières qui se jettent dans le lac de *Tchad* sont à peu près inconnues. Le *Bahr-el-abiad* qui se joint au Nil, a sa source dans le Soudan. La chaleur du climat est un peu tempérée par l'équinoxe continuel, et par des pluies et des vents périodiques. Le sol, en partie sablonneux, en partie montagneux, est fertile sur les bords des rivières. Il produit du riz, du maïs, des dattes, des fruits du sud, l'arbre à beurre, le gommier, et l'énorme calebassier ou baobab, dont la tige a souvent 80 jusqu'à 100 pieds de tour. L'intérieur de ce pays renferme des déserts affreux, habités par des animaux féroces, ainsi que par des éléphants, des gazelles, des autruches; on y trouve aussi des serpents énormes. Les habitants sont des nègres qui mènent en partie une vie nomade et adorent des fétiches; les Arabes mahométans établis dans le pays, ont beaucoup de prosélytes parmi les indigènes. Les *Fellans* qui semblent issus du mélange des deux nations, sont mieux instruits que les nègres et professent tous la religion mahométane. Le Soudan comprend un grand nombre d'états qui ne sont que peu connus des Européens; les plus remarquables sont ceux de *Bornou*, de *Haoussa*, de *Tombouctou* et de *Bambarra*. *Bornou* (Birnie), capitale dans le pays du même nom, a des fabriques de coton et de toiles; elle fait le commerce avec l'Afrique septentrionale et doit être très-grande. *Kano* à l'O. de Bornou a des foires considérables. *Sakatou*, résidence du sultan de Haoussa, de la nation des Fellans. *Tombouctou*, ville grande sur le Joliba, dans le pays du même nom, fait un commerce par caravanes avec l'Égypte et les états barbaresques. *Ségo*, sur le Joliba, dans le royaume de Bambarra.

SÉNÉGAMBIE.

Ce pays, à l'O. du Soudan, est séparé de la Guinée par la montagne de *Sierra-Léone*, et tire son nom des fleuves du *Sénégal* et de la *Gambie*, qui le traversent et se jettent dans l'Océan atlantique. Le *Cap vert* qui s'avance dans cette mer entre les embouchures de ces deux fleuves, y forme la pointe la plus occidentale de l'Afrique. La chaleur presque insupportable n'est tempérée que par les nuits fraîches et les pluies; on n'y connaît comme dans tous les pays de la zône torride que deux saisons, l'une extrêmement sèche et l'autre pluvieuse. Les tornados ou tourbillons, accompagnés de violentes tempêtes, y sont très-fréquents. Le sol offre dans les contrées bien arrosées une belle végétation, mais il y a aussi beaucoup de déserts. Dans les immenses forêts on trouve surtout des arbres à gomme et le baobab; l'indigo réussit fort bien dans le Sénégal. Les éléphants, les singes, les zèbres, les autruches y sont communs. La Sénégambie, divisée en une multitude de petits états, est habitée par de nombreuses peuplades nègres, dont les principales sont les *Foulahs* (Fellans du Soudan), les *Mandingos* et les *Jalofs*. Elles adorent des fétiches ou professent le mahométisme, dont les prêtres s'appellent *Marabouts*. Sur les côtes de ce pays il y a quelques établissements européens. Les Français y possèdent l'île de *Sénégal*, à l'embouchure de ce fleuve, avec le fort *St.-Louis*, et l'île de *Gorée*, près du cap vert. L'île de *St.-James*, avec le fort du même nom, à l'embouchure de la Gambie, appartient aux Anglais. Les Portugais possèdent l'île de *Bissao* et plusieurs autres colonies.

HAUTE-GUINÉE.

Ce pays, situé au S. de la Sénégambie, s'étend le long

du golfe de Guinée. Ses côtes sont basses, coupées de beaucoup de rivières et fertiles en productions ordinaires de l'Afrique. Le *Nun*, le *Benin* et quelques autres rivières près du cap *Formose* sont les embouchures du *Quorra*. L'intérieur de la Haute-Guinée est encore peu connu. Les habitants sont des nègres qui adorent tous des fétiches. La Haute-Guinée comprend une quantité d'états plus ou moins grands. On la divise ordinairement d'après ses principales productions ou ses objets de commerce en *Côte des Graines* ou *du Poivre*, *Côte des Dents* ou *de l'Ivoire*, *Côte d'Or*, où l'on trouve plusieurs établissements européens et le royaume *d'Ashantée* dont *Comassie* est la capitale, et en *Côte des Esclaves*, qui renferme entre autres les deux grands royaumes de *Dahomey* dont la capitale est *Abomé*, et de *Benin*, avec la capitale du même nom. Les derniers voyageurs ont visité dans l'intérieur un grand nombre de villes bien peuplées, dont les plus importantes sont *Katunga*, *Kiama*, *Wawa*, *Zaria*, *Funda*, qui doit avoir 70,000 h. et *Yaouri*, chef-lieu d'un royaume puissant sur le *Quorra*. La colonie de *Sierra-Léone* à l'O. de la Guinée, fondée en 1787 par les Anglais dans l'intention généreuse de civiliser les nègres, est aujourd'hui florissante. *Freetown* en est le chef-lieu; 6,000 hab. La colonie de *Liberia* fondée dans un but semblable par les États-unis de l'Amérique septentrionale, en 1821, prospère également.

BASSE-GUINÉE ou CONGO.

Ce pays, situé au sud du précédent, arrosé par le *Zaïre* ou le *Congo*, est assez semblable à la Haute-Guinée, quant au sol, au climat et aux productions. Il est habité par des nègres, dont la couleur est plutôt olivâtre que noire; la plupart d'entre eux sont idolâtres; il y en a qui professent la religion catholique, introduite par les Portugais qui y sont très-nombreux. On y trouve aussi des *Dondos* ou nègres blancs et des juifs noirs. Le Congo comprend plusieurs royaumes, dont quelques-uns sont dépendants des Portugais. Les principaux sont :

1. LOANGO : *Bouali* ou *Loango*, capitale et résidence du roi ; 15,000 hab.

2. CONGO, le royaume le plus puissant de cette côte. *San-Salvador* ou *Congo*, capitale et résidence du roi, vassal des Portugais ; elle a plusieurs églises catholiques, et fait un commerce considérable ; 40,000 hab.

3. ANGOLA : *St.-Paul de Loanda*, capitale fortifiée et siége du gouverneur portugais ; 18,000 hab.

4. BENGUÉLA : *San-Félibe de Benguéla*, ville et port.

PAYS DE L'INTÉRIEUR DE L'AFRIQUE MÉRIDIONALE.

La partie de l'Afrique située entre le Soudan, la Guinée, le Cap et la côte orientale, ne nous est que très-peu connue. On l'appelait autrefois l'*Éthiopie*. Le climat est très-chaud ; le sol est stérile et sablonneux partout où il n'est pas bien arrosé. Le grand lac *Maravi* doit s'étendre à l'E. de cette région, habitée par plusieurs peuples. Les *Schaggas* et les *Gallas* sont des nègres cruels et brigands. Les *Cafres* élèvent des troupeaux et se livrent à l'agriculture. Les *Beetjouanas*, qui ont en grande partie embrassé le christianisme, en sont une branche. *Litakou*, principal endroit, n'est qu'un amas de huttes.

PAYS DU CAP.

C'est la partie la plus méridionale de l'Afrique, traversée de l'E. à l'O. par une chaîne de montagnes (10,000 p.), qui se termine au *Cap des Aiguilles* et au *Cap de Bonne-Espérance*, doublé par *Vasco de Gama* en 1498. La rivière *Orange* au N. de ces montagnes se jette dans l'Océan atlantique. Ce pays est habité par les *Hottentots*,

peuple mal-propre, en partie civilisé et.chrétien, en
partie encore payen et nomade, d'un teint jaune-brun,
divisé en plusieurs tribus, dont les *Namaquas*, les *Go-
naquas*, les *Boschismens* (Hottentots sauvages) sont les
principales, et par des Européens. Ces derniers élèvent
des troupeaux et se livrent à la culture des champs et
des vignes. Le climat y est doux et salubre, et le sol en
partie fertile, en partie sablonneux et aride; nous lui devons un grand nombre de nos plus belles fleurs. Les fruits
de l'Europe y réussissent très-bien, surtout le froment et
la vigne qui donne l'excellent vin du Cap ou de Constance. La plupart des animaux africains se retrouvent au
Cap. Ce pays, jadis possession hollandaise, appartient
maintenant aux Anglais, qui par leurs missions répan-
dent beaucoup la religion chrétienne parmi les indigènes.
Malgré sa vaste étendue, cette contrée ne renferme qu'environ 80,000 ames. *Le Cap*, sur la baie de la Table,
non loin du Cap de Bonne-Espérance, est la principale
ville du pays. Elle est par sa position d'une grande importance pour les vaisseaux qui vont aux Indes ou en
reviennent, et qui relâchent dans son port; 19,000 hab.

ILES AFRICAINES ORIENTALES.

1. Les îles Amirantes, vis-à-vis de la côte de Zanguebar; elles font partie des possessions portugaises.

2. Les îles Séchelles, au N.-E. des précédentes, fournissent du coton, des noix de cocos et des tortues, et
appartiennent aux Anglais. *Mahé* en est la principale.

3. Les Comores, à l'entrée septentrionale du canal de
Mozambique, sous la domination de plusieurs sultans,
jouissent d'un climat très-agréable.

4. L'île de Madagascar, séparée du continent par le
canal de Mozambique. Elle est traversée par des montagnes très-élevées, et fertile en belles productions, surtout en bois précieux et rares; on y trouve aussi le zébu

on bœuf à bosse. Les habitants de cette île aussi grande que la France, sont désignés en général sous le nom de *Madécasses*; ils sont payens, mais ils connaissent l'agriculture, l'alphabet et la fabrication des métaux. Le roi *Radama* mort en 1828, a beaucoup contribué à la civilisation de la nation des *Hovas*. Sa résidence était *Tananarive*, qui doit avoir 80,000 hab. Les colonies françaises sont peu considérables.

5. Les îles Mascareignes, à l'E. de Madagascar, appelées ainsi de *Pierre Mascarenghas*, qui les découvrit. Elles fournissent du café, du sucre, du cacao, du coton, de l'indigo, des épices, du blé, et comprennent l'*île Maurice* (autrefois *île de France*), qui appartient aux Anglais, et l'*île Bourbon*, qui est aux Français. Cette dernière renferme plusieurs volcans.

ÎLES AFRICAINES OCCIDENTALES.

1. Les îles de la Relache ou de Tristan d'Acunha, au S.-O. du Cap de Bonne-Espérance. Les Anglais en ont pris possession depuis 1816.

2. L'île de Sainte-Hélène, rocher volcanique, entouré d'écueils qui en rendent l'accès difficile, appartient aux Anglais. *Napoléon* y fut relégué en 1815, et y mourut en 1821.

3. L'île de l'Ascension, volcan éteint et stérile qui n'attire les navigateurs que par la quantité des tortues qu'on y trouve. Les Anglais y ont fondé une colonie.

4. Les îles de la Guinée, dans le golfe du même nom, fertiles en productions africaines, sont *Fernando-del-Po*, aux Anglais, l'*île du Prince* et *Anno-bon* aux Espagnols, et *Saint-Thomas* aux Portugais.

5. Les îles du Cap Vert, vis-à-vis du cap de ce nom, ont pour la plupart un sol rocailleux mais fertile, si les pluies ne manquent pas, en riz, coton et noix de cocos;

les tortues y abondent. Ces îles appartiennent aux Portugais. *San-Jago* en est la plus grande.

6. LES ÎLES CANARIES, que les anciens appelaient *îles fortunées*, à l'O. de Maroc, appartiennent aux Espagnols. Elles ont un climat salubre, agréable et sont très-fertiles; on en tire du vin, du blé, des fruits, du sucre, du coton, de l'orseille, plante qui donne une belle couleur rouge. Les serins sont originaires de ces îles. La nation des *Guanches* qui habitait autrefois les Canaries, est éteinte depuis plusieurs siècles. Les principales îles sont: *Canarie*, *Ténériffe*, où s'élève le *pic de Teyde* ou de *Ténériffe*, volcan haut de 11,400 pieds, et *l'île de Fer*, la plus occidentale, à côté de laquelle les géographes allemands font passer le premier méridien.

7. L'ÎLE DE MADÈRE, au N. des Canaries, est aux Portugais; le climat y est délicieux et le sol très-fertile en cannes à sucre, fruits délicats et excellents vins. *Funchal* en est la capitale; 16,000 hab. L'île de *Porto-santo* est peu considérable.

8. LES ÎLES AÇORES, au N.-O. de Madère, appartiennent aux Portugais. Elles jouissent d'un climat doux, ont un sol volcanique et exposé à de fréquents tremblements de terre, mais fertile en blé, vin et fruits du sud. *San-Miguel* et *Tercère* avec le chef-lieu *Angra*, en sont les plus grandes.

AMÉRIQUE.

L'Amérique, que l'on nomme aussi le *Nouveau-Monde*, a été découverte en 1492 par *Christophe Colomb*, Génois. Elle tire son nom d'*Améric Vespuce*, Florentin, qui, quelques années après, parvint à découvrir une grande partie de la Terre-ferme, et en publia la relation. Cette grande partie du monde est entourée de la Mer glaciale, de la Baie d'Hudson, de la Mer de Baffin, de l'Océan atlantique, du Golfe du Mexique, du Grand océan ou de la Mer pacifique et du Golfe de Californie ou Mer vermeille. Elle est séparée de l'Asie par le *détroit de Cook* ou *de Behring*, et de la Terre-de-feu par celui *de Magellan*, et contient environ 750,000 lieues carrées.

L'Amérique est traversée dans toute son étendue du S. au N. par les *Cordillères* ou les *Andes*. Dans une longueur de près de 3,000 lieues cette chaîne de montagnes est parallèle à la côte du Grand océan, dont elle n'est que peu éloignée. Les *Andes* de l'Amérique méridionale sont plus élevées que celle du nord; les plus hautes cimes sont le *Sorata* (23,600 p.), l'*Illimani* (22,400 p.) tous les deux dans le Haut-Pérou, et le *Chimborasso* (20,100 p.) dans la Colombie. Le *Popocatépetl* (16,800 p.) dans le Mexique et le Mont *St.-Élie* (17,300 p.) dans l'Amérique russe, paraissent être les points les plus élevés de l'Amérique septentrionale. Une neige éternelle couvre toutes ces cimes, même sous l'équateur. Les Cordillères renferment un grand nombre de volcans, en partie très-actifs. A l'E. de cette chaîne s'étendent quelques ramifications qui se perdent dans de vastes plaines appelées *Savannes* dans l'Amérique septentrionale, *Pampas* et *Llanos* dans l'Amérique méridionale. Un système de montagnes entièrement indépendant des Cordillères est celui des *Alléghany* ou des *Apalaches*, dans l'Amérique septentrionale, beaucoup à l'E. des Andes. Il a 7,000 p. d'élévation. Les autres chaînes de montagnes de l'Amérique sont encore moins considérables.

Aucune partie de la terre n'a de si grands fleuves que l'Amérique; elle contient aussi plusieurs lacs très-étendus. Le lac de l'*Esclave* verse ses eaux dans la Mer glaciale par la rivière de *Makenzie*; le lac *Winipeg* est en communication avec les cinq grands lacs *Supérieur*,

Michigan, *Huron*, *Érié* et *Ontario*; ceux-ci donnent naissance au fleuve *St.-Laurent* qui, par le golfe du même nom se jette dans la Mer atlantique. Le *Missisipi* (Méchacébé) prend sa source au S. du lac Michigan, reçoît le *Missouri*, plus grand que lui-même, et qui a sa source dans les Montagnes rocheuses, partie septentrionale des Andes, et se jette dans le Golfe de Mexique. Les plus grands fleuves de l'Amérique méridionale sont l'*Orénoque*, le *Maragnon* ou *fleuve des Amazones*, le plus grand fleuve du monde, qui naît dans les Andes et traverse l'Amérique dans toute sa largeur et la *Parana*, qui après avoir reçu le *Paraguay* prend le nom de *Rio de la Plata*. Ils se jettent tous dans l'Océan atlantique.

Comme l'Amérique s'étend sur toutes les zônes, on y rencontre tous les climats. Les pays américains des zônes tempérées ont cependant un climat moins doux que ceux de l'Europe situés sous la même latitude. Le sol y est en général fertile, à l'exception des pays les plus septentrionaux qui n'offrent que des déserts tristes et en partie inhabités; des forêts immenses et des marais occupent aussi une grande partie de l'Amérique. Nous devons des renseignements précieux sur les Andes et sur l'Amérique en général aux voyageurs Humboldt et Bonpland; Parry et Ross ont fait dans les derniers tems des découvertes importantes dans la Mer glaciale et dans la partie la plus septentrionale de l'Amérique.

Malgré la grandeur de cette partie du monde et la fertilité de son sol, la population n'est que d'environ 40 millions d'ames. Les habitants primitifs ou les naturels du pays portent le nom commun d'Indiens. Leur couleur dominante est le brun cuivré. Ils forment un grand nombre de petites peuplades plus ou moins sauvages, qui adorent des fétiches. Les étrangers sont des *Européens* de presque toutes les nations, et des *nègres* qui y ont été transportés de l'Afrique. On appelle *créoles* les descendants des Européens, nés en Amérique; *mulâtres* ceux qui sont nés d'un Européen et d'une négresse, et *métis*, les enfants d'un Européen et d'une Américaine. L'isthme de *Panama* ou de *Darien* divise l'Amérique en deux parties ou grandes péninsules, la *septentrionale* et la *méridionale*, entre lesquelles se trouve le Golfe de Mexique et la Mer des Antilles, avec un grand nombre d'îles, qu'on désigne sous le nom d'*Indes occidentales*.

AMÉRIQUE SEPTENTRIONALE.
PAYS POLAIRES DU NORD.

Ces pays dont on ne connait pour la plupart que les côtes, et celles-ci seulement en partie, sont situés sur la Mer glaciale du nord. Il y règne un froid très-rigoureux et l'on n'y trouve que peu de végétaux et de quadrupèdes, mais beaucoup d'animaux marins. Les habitants, de la race des Esquimaux, sont en petit nombre.

On remarque parmi ces pays :

1. Le Spitzbergen, au N.-E. du Grœnland, le pays le plus septentrional de l'hémisphère du nord. Il est composé d'un groupe d'îles, et tire son nom des montagnes aiguës dont elles sont hérissées, et qui sont couvertes de neiges et de glaces éternelles. Ces îles peu connues ne sont fréquentées que par ceux qui vont à la pêche de la baleine, particulièrement par les Russes.

2. Le Grœnland, à l'E. de la baie de Baffin qui par le détroit de *Davis* communique avec l'Océan atlantique, est un pays montagneux, très-froid et peu peuplé; il ne produit que différentes mousses, la cochléaria, plante antiscorbutique et plusieurs sortes de baies mangeables. Dès le 10.ᵉ siècle le Grönland était visité par les Normands; des évêchés chrétiens y furent fondés; mais il fut oublié plus tard. Ce n'est qu'en 1721 que les Danois y ont formé plusieurs établissements; on y trouve aussi

des colonies de Frères moraves. Les Grœnlandais sont des Esquimaux qui ne vivent que du produit de la pêche de la baleine et des chiens marins, don précieux de la nature pour eux; ils n'ont d'autre bois que celui que la mer leur amène. *Julianshaab*, principale colonie des Danois.

3. LES HAUTES-TERRES DU NORD, découvertes en 1818 par le capitaine *Ross*, lors de sa première expédition polaire; elles sont situées au N.-E. de la baie de Baffin. Cette région, très-élevée et montagneuse dans l'intérieur, est habitée par des Esquimaux et ne produit que des mousses et de la bruyère; sur les côtes on pêche des baleines et des phoques.

4. LES PAYS POLAIRES A L'OUEST DE LA MER DE BAFFIN sont : le *Nord-Devon*, découvert et nommé ainsi par *Parry* à sa seconde expédition polaire; la presqu'île de *Melville* et la *Terre du prince Guillaume*, pays vaste et encore presque inconnu entre la baie de Baffin et celle d'Hudson.

5. L'AMÉRIQUE RUSSE à l'extrémité N.-O. de l'Amérique, séparée de la Sibérie par le détroit de Behring, est habitée par des Esquimaux et fournit des fourrures. Le Mont *St.-Elie* est la cime la plus haute de l'Amérique septentrionale. Les principaux établissements sont : *Nouvel-Archangel* dans le *Nouveau-Norfolk* et *Alexandrie* dans l'île de *Codiak* avec un bon port. La presqu'île d'*Alaska* est volcanique.

RÉGION INTÉRIEURE DES INDIENS LIBRES.

Ce vaste pays s'étend depuis les États-Unis jusqu'à la Mer glaciale. Il est traversé par les *Montagnes rocheuses*, et arrosé par le fleuve *Mackenzie*, et celui de la *Mine de cuivre* qui se jettent dans la Mer glaciale. Parmi ses nombreux lacs on distingue ceux de *Winipeg*, du *grand Ours* et de l'*Esclave*. Les forêts sont peuplées de troupeaux de bisons, de chèvres, de brebis sauvages et d'animaux à fourrure. Les habitants sont des Indiens de différentes tribus ; ils sont payens, mènent en partie une vie nomade, ou s'occupent de la chasse, de la pêche ou de la guerre. La pelleterie est la principale richesse du pays.

POSSESSIONS ANGLAISES.

Cette partie de l'Amérique septentrionale comprend tout le territoire renfermé entre les deux Océans, au sud de la baie d'Hudson, du pays des Indiens et de l'Amérique russe, et au nord des États-Unis. Elle a une population d'environ 1,300,000 ames, et est composée en partie de terre ferme, en partie d'iles.

1. La Nouvelle-Galles, au S. et à l'O. de la baie d'Hudson et de son golfe nommé la *baie de James* est un pays froid et stérile, à l'exception de la partie méridionale, où le sol est un peu plus fertile. La principale richesse de la Nouvelle-Galles consiste en animaux à fourrure et en poissons.

2. Le Labrador, à l'E. de la baie d'Hudson et au S. du *détroit d'Hudson* est un pays montagneux, très-froid, inhospitalier et peu habité ; il fournit la belle pierre chatoyante de Labrador, et nourrit beaucoup d'animaux à fourrure.

3. Terre-Neuve (Neufoundland), grande ile à l'entrée du golfe de St.-Laurent, et séparée du Labrador par le détroit de *Belle-ile*. Elle est montagneuse, à un climat très-rude et un sol peu fertile, couvert de forêts. *Saint-Jean*, capitale, défendue par plusieurs forts ; 12,000 h. *Plaisance*, ville et bon port. Les petites iles de *St.-Pierre* et de *Miquelon* appartiennent aux Français. Dans le voisinage de Terre-neuve se trouve le *Grand Banc de sable* du même nom, long de plus de 200 lieues et fameux par la pêche de la morue. L'ile d'*Anticosti* à l'embouchure du St.-Laurent est peu habitée.

4. L'ÎLE DU PRINCE ÉDOUARD (autrefois St.-Jean), dans le golfe de St.-Laurent. *Charlottetown* en est le chef-lieu.

5. L'ÎLE DU CAP-BRETON, à l'entrée du golfe de St.-Laurent. Elle est stérile, mais très-importante pour la pêche de la morue. *Sidney* est le chef-lieu, et *Louisbourg* le meilleur port de l'île.

6. LA NOUVELLE-ÉCOSSE, presqu'île, séparée du Cap-Breton par le détroit de *Canso*. Elle est assez fertile et couverte de forêts. *Halifax*, capitale fortifiée et excellent port; 16,000 hab.

7. LE NOUVEAU-BRUNSWICK, joint par un isthme à la Nouvelle-Écosse, et borné à l'O. par les États-Unis et le Canada. Il est peu fertile, encore moins cultivé, mais fournit beaucoup de bois de construction. *Frédérikstown*, petite ville. La Nouvelle-Écosse et le Nouveau-Brunswick étaient appelés autrefois *Acadie*.

8. LE CANADA, grand pays situé entre le Labrador, la Nouvelle-Galles et les États-Unis. Il est traversé par le fleuve *Saint-Laurent*, qui sert d'écoulement aux grands lacs canadiens, qui sont le *Lac supérieur*, ceux d'*Huron*, d'*Érié* et d'*Ontario*, et se jette dans l'Océan atlantique, où son embouchure forme le grand golfe du même nom. Entre le lac Érié et celui d'Ontario, ce fleuve prend le nom de *Niagara*, célèbre par sa cataracte qui a 144 pieds de hauteur sur 1200 de largeur. Le climat du Canada est en général rude; le sol est couvert de montagnes, rempli de forêts et de lacs, mais assez fertile. Il fournit de la pelleterie et du bois de construction; de nombreux colons y cultivent aujourd'hui avec succès le froment, le tabac, le chanvre et le lin. Le Canada, dont la population est d'environ 900,000 ames, appartenait jusqu'en 1763 à la France. Aussi une grande partie de ses habitants sont-ils d'origine française; on y trouve encore plusieurs tribus d'indigènes. *Québec*, sur le fleuve Saint-Laurent, capitale fortifiée de tout le Canada et port;

21,000 hab. *Montréal*, ville forte dans une île du même fleuve, fait un grand commerce de pelleterie; 26,000 h. *Trois-Rivières*, petite ville sur le Saint-Laurent, qui y reçoit les eaux des deux autres rivières, a des fonderies de fer. *York*, dans le Haut-Canada, port sur le lac Ontario.

9. LA CÔTE NORD-OUEST DES ANGLAIS, ou la partie méridionale de cette côte. Une longue chaîne de montagnes traverse ce pays non loin de la côte, qui est entrecoupée de golfes et bordée d'un grand nombre d'îles et d'écueils. Elle comprend le nord de la *Nouvelle-Géorgie*, le *Nouvel-Hanovre*, la partie méridionale du *Nouveau-Cornouailles*, la *Calédonie occidentale*, et la grande île de *Quadra* ou *Vancouver*, près du *Noutka-Sund*. Les habitants de cette région importante pour le commerce des fourrures, vivent de la chasse et de la pêche.

ÉTATS-UNIS DE L'AMÉRIQUE SEPTENTRIONALE.

Les États-Unis occupent toute la partie comprise entre le Canada, la région des Indiens, le grand Océan, le Mexique, le golfe du même nom et l'Océan atlantique. Cette vaste étendue de territoire d'environ 106,000 lieues carrées, est traversée vers l'E. par la chaîne des *Apalaches* ou des *Alléghany*, dont les *Montagnes bleues* sont une des principales branches. Les *Montagnes rocheuses*, le prolongement nord des Andes, traversent la région occidentale des États-Unis. Le *Missisippi* et ses affluents occupent le vaste bassin entre ces deux chaînes; il reçoit dans son long cours le *Missouri*, l'*Arkansas* et la *Rivière rouge* qui ont leur source dans les Montagnes rocheuses, la rivière des *Illinois*, l'*Ohio* et un grand nombre d'autres qui naissent dans les Alléghany, et se jette dans le golfe de Mexique. Le *Connecticut*, l'*Hudson*, le *Delaware*, le *Potowmak* et la *Savannah*, se rendent dans l'Océan atlantique. Le *Columbia* ou *Orégon* descend du revers occidenta● des Montagnes rocheuses pour se rendre au Grand océan. Outre les grands lacs canadiens sur les frontières du pays, on remarque le lac *Michigan*. Des canaux parmi lesquels nous distinguons le *Chesapeak-Ohio* et celui du lac *Champlain*, ainsi que des chemins de fer, facilitent les communications intérieures.

Le climat est très-varié et inconstant; il est froid et humide au nord; tempéré dans les provinces du centre, et chaud dans celles du sud. La fièvre jaune fait souvent de grands ravages dans ce pays. Le sol en général fertile, est en grande partie encore inculte et couvert d'immenses forêts, interrompues par de vastes plaines nues, appelées *Savannes*. La région du nord produit les principaux végétaux de l'Europe et l'érable dont on tire du sucre, et abonde en animaux à fourrure; celle du sud fournit du tabac, du riz, du coton et de l'indigo. La population, qui s'accroît tous les jours, est de 14 millions d'habitants, qui sont un mélange d'Européens de presque tous les pays, d'indigènes de différentes tribus et de nègres. Les Anglais, les Français et les Allemands en forment la plus grande partie. Toutes les religions ont le libre exercice de leur culte; les protestants des différentes communions y sont de bien loin les plus nombreux; il y a beaucoup de Quakers et de Méthodistes. Le commerce, les fabriques et la pêche font fleurir les villes de l'est; les habitants de l'intérieur se livrent surtout à l'agriculture. Une partie des États-Unis, originairement colonies anglaises, s'affranchirent de la domination de l'Angleterre et proclamèrent leur indépendance. Après une lutte glorieuse pour les Américains, l'Angleterre reconnut dans la paix de 1783 leur indépendance, à la conquête de laquelle la France avait puissamment contribué. La république fédérative des États-Unis, dont *Washington* et *Franklin* furent les principaux fondateurs, composée d'abord de 13 états, en comprend maintenant 24 et quelques territoires et districts qui n'ont qu'une organisation provisoire. Le gouvernement est entre les mains d'un *congrès* formé des députés des différents états, et à la tête duquel est le *président*.

Le siége du congrès est *Washington*, capitale, sur le Potowmak, dans le district de *Columbia*. Cette ville régulièrement bâtie n'a encore que 19,000 habitants; elle a été fondée en 1792 en l'honneur du grand homme qui lui a donné son nom.

Anciens États.

Ils sont tous baignés par la Mer atlantique.

1. NEW-HAMPSHIRE, traversé par les *Montagnes blanches* et baigné par le Connecticut. *Concord*, chef-lieu. *Portsmouth*, port; 8,000 hab.

2. MASSACHUSSETS, sur le Connecticut. *Boston*, très-commerçante, bon port; patrie de *Franklin*, inventeur du paratonnerre; 65,000 hab. *Salem* fait un commerce actif; 15,000 hab. Le cap et la baie *Cod*.

3. RHODE-ISLAND, très-petit. *Newport*, 9,000 hab. *Providence*, ville de commerce, fabriques; 17,000 hab.

4. CONNECTICUT, sur la rivière de ce nom. *Hartford*; 6,000 hab. *New-haven*, 11,000 hab.

5. NEW-YORK, sur les lacs Érié, Ontario et Champlain, sur le St.-Laurent et sur l'Hudson. *New-York*, à l'embouchure de l'Hudson, la plus grande ville des États-Unis, fait un commerce très-étendu; université, imprimeries nombreuses, fabriques, excellent port, chantiers, 200,000 hab. *Albany*, sur l'Hudson, chef-lieu; 25,000 h. L'île et le golfe de *Long-Island*.

6. NEW-JERSEY, à l'E. du Delaware. *Trenton*; 6,000 h.

7. PENSYLVANIE, traversée par les Alléghany et l'Ohio. *Philadelphie*, sur le Delaware, la plus belle et après New-York la plus grande ville des États-Unis, fondée

par *Guillaume Penn*, pieux quaker et zélé ami de l'humanité, qui a donné son nom à la Pensylvanie. Cette ville, jadis le siége du congrès, possède une université, des églises et des oratoires de toutes les religions et sectes, l'hôtel des monnaies de la république, un grand et beau théâtre, beaucoup d'imprimeries, diverses fabriques et fait un commerce important; 175,000 hab. *Pittsbourg*, sur l'Ohio, a de nombreuses fabriques et fait un grand commerce par eau; 20,000 hab.

8. DELAWARE, à l'O. du fleuve et du golfe de ce nom. *Dover* (Douvres), chef-lieu.

9. MARYLAND, sur la baie *Chesapeak*. *Baltimore*, ville bien bâtie et commerçante, bon port, université, a un monument de marbre de Carrare, dédié à *Washington*; 85,000 hab.

10. VIRGINIE, traversée par les Alléghany et les Montagnes-bleues, et baignée par l'Ohio. *Richmond*, a une manufacture d'armes; 16,000 hab.

11. CAROLINE DU NORD, avec beaucoup de marais. *Raleigh*, chef-lieu.

12. CAROLINE DU SUD, cultive du riz et du coton. *Charlestown*, ville très-commerçante et port; 30,000 hab.

13. GÉORGIE, séparée de la Caroline par la *Savannah*. *Milledgeville*, chef-lieu. *Savannah* fait le commerce maritime; 12,000 hab.

Nouveaux États.

Ils sont moins peuplés que les anciens états, et en grande partie couverts de forêts.

14. MAINE, le plus septentrional des états sur la Mer atlantique. *Portland*, port; 10,000 hab.

15. VERMONT, entre le Connecticut et le lac Champlain. *Montpellier*, 2,500 hab.

16. OHIO, entre le fleuve de ce nom et le lac Érié. *Cincinnati*, a des fabriques, des imprimeries, des fonde-

ries et des chantiers, et fait un grand commerce sur l'Ohio et le Missisippi; 28,000 hab.

17. INDIANA, entre le lac Michigan et l'Ohio. *Indianopolis*, ville nouvelle.

18. ILLINOIS, à l'E. du Missisippi. *Vandalia*, fondée en 1813.

19. MISSOURI, sur le fleuve du même nom et à l'O. du Missisippi. *Jefferson*, sur le Missouri, chef-lieu.

20. KENTUKY, au S. de l'Ohio. *Francfort*, 4,000 hab.

21. TENNESSÉE, prend son nom d'un affluent oriental du Missisippi. *Nashville*, fait le commerce en coton; 6,000 hab.

22. ALABAMA, au S. des Apalaches. *Mobile*, sur la baie du même nom; commerce maritime; 6,000 hab.

23. MISSISIPPI, à l'E. de ce fleuve. *Natchez* sur le Missisippi, ville commerçante; 4,000 hab.

24. LOUISIANE, à l'embouchure du Missisippi. *Nouvelle-Orléans*, sur le Missisippi, à 25 lieues de son embouchure, ville commerçante, bâtie par les Français sous la régence du duc d'Orléans; 30,000 hab.

Territoires.

1. LA FLORIDE, grande presqu'île entre le Golfe du Mexique et la Mer atlantique. Ses productions sont celles des Indes occidentales. Elle fut cédée par l'Espagne en 1819. *Talahassée*, chef-lieu, *Pensacola*, sur une baie du golfe de Mexique, et *St.-Augustin* sur la Mer atlantique, sont peu peuplées.

2. MICHIGAN, entre le lac de ce nom et le Huron. *Détroit*, sur le lac *St.-Clair*, entre le Huron et l'Érié.

3. ARKANSAS, à l'O. du Missisippi. *Little-Rock* ou *Arkopolis*, chef-lieu.

4. NORD-OUEST ou HURON, entre les lacs Supérieur et Michigan et le Missisippi, n'a que peu d'habitants civilisés.

Districts.

Le reste du territoire des États-unis, au moins aussi grand que les 24 États ensemble, est encore couvert d'immenses forêts habitées par des Indiens peu nombreux. Il est divisé en 5 districts. Ceux des *Ozarks*, des *Osages*, des *Sioux* et des *Mandans*, prennent leur nom des habitants, et sont situés à l'E. des Montagnes rocheuses; le district d'*Orégon* à l'O. de cette chaine prend son nom du fleuve *Orégon*, *Orégan* ou *Columbia*, qui s'y jette dans le grand Océan.

Libéria, voyez Guinée p. 148.

CONFÉDÉRATION DU MEXIQUE.

Cette vaste région est entourée des États-Unis de l'Amérique du Nord, du Golfe du Mexique avec la baie de Campêche, de l'Amérique centrale, de la Mer du sud et du Golfe de Californie ou Mer vermeille. La chaine des *Andes* ou des *Cordillières* occupe une grande partie du pays et y forme un plateau très-étendu, surmonté par les cimes volcaniques et neigeuses du *Popocatépetl*, du *Zitlatépetl* etc. Le *Rio-del-Norte* qui se jette dans le golfe du Mexique, et le *Rio-Colorado* qui coule dans la Mer vermeille soîn les deux seuls grands fleuves de ce pays. La côte orientale est basse, exposée à de fréquentes inondations et malsaine; les contrées de la côte occidentale sont plus élevées et plus salubres; l'intérieur est agréable et fertile. Le climat est très-varié, en partie chaud, en partie tempéré, en partie froid, selon l'élévation ou la situation dans la zône torride ou la tempérée. Le sol est en partie aride, faute de rivières, et beaucoup de contrées sont encore incultes. Ce pays produit des plantes alimentaires de toute espèce et des fruits délicieux; on en tire du sucre, du cacao, de la vanille, des drogues médicinales, du coton, de l'indigo,

de la cochenille, des bois de teinture et de construction.
Les mines d'or et d'argent, négligées depuis les troubles,
sont de nouveau exploitées par plusieurs compagnies anglaises et allemandes. Les habitants, au nombre de 8
millions, sont des créoles, descendants des Espagnols,
des hommes de race mixte et des Indiens. La religion
dominante est la catholique, qui est aussi professée par
la plupart des Indiens. La république du Mexique se
compose de vingt états confédérés ; elle formait autrefois
la vice-royauté espagnole de la Nouvelle-Espagne, dont
Ferdinand Cortez fit la conquête en 1521 sur *Montézuma*,
dernier roi indigène.

Les principales villes sont : *Mexico*, capitale du pays,
siége du congrés général, située à une égale distance des
deux mers, entre les lacs de *Tezcuco* et le *Xochimilco*
couverts de jardins flottants, dits *chinampas*. Cette ville,
une des plus belles de l'Amérique, possède une université, une école des mines, un hôtel des monnaies, une
grande manufacture de tabac et fait un commerce étendu.
Les maisons ont des terrasses au lieu de toits ; la superbe
cathédrale brille par ses richesses métalliques et surpasse
sous ce rapport toutes les églises du monde ; 140,000 h.
Quérétaro, ville bien bâtie et entourée de beaux jardins,
a des fabriques d'étoffes de laine, de maroquin et de
quincaillerie ; 40,000 hab. *Acapulco*, possède le meilleur
port sur la Mer du sud. La *Puebla (de-los-Angelos)*, ville
bien bâtie et très-commerçante, a des fabriques de draps,
de fayence et d'étoffes de coton ; 60,000 hab. *Guanaxuato*, célèbre par ses riches mines d'argent ; 34,000 h.
Guadalaxara, dans une plaine fertile, la seconde ville
des États-unis du Mexique ; 60,000 hab. *Valladolid*, a
un beau dôme ; 25,000 hab. *Zacatécas*, possède de riches
mines d'argent ; 22,000 hab. *Aguas Calientes* a des sources
chaudes ; 35,000 hab. *San-Luis Potosi* ; 50,000 hab. *Campêche*, port, 18,000 hab. et *Mérida*, 28,000 hab. sont

situés dans la péninsule d'*Yucatan* qui s'avance dans le golfe du Mexique, entre la baie de Campêche et celle de Hondouras. Cette presqu'île fournit beaucoup de bois de Campêche ou bois bleu. *Véra-Cruz*, jolie ville et port sur le golfe du Mexique dans une contrée malsaine; elle a été bâtie par les Espagnols sur l'emplacement où *Cortez* débarqua; 16,000 hab. *Xalapa*, a donné son nom à la racine médicinale, appelée jalap, qui croît dans son voisinage; 13,000 hab. *Oaxacà*, dans une vallée délicieuse; 40,000 hab. *Santa-Fé*, chef-lieu du *Nouveau-Mexique*, province peu peuplée, sur le Rio-del-Norte. Plusieurs colonies se sont formées depuis quelque temps dans le *Texas* au nord du golfe de Mexique. *Loretto*, petite ville et principal établissement des missions de la *Californie*, longue presqu'île encore presque inculte, entre la Mer du sud et la Mer vermeille.

CONFÉDÉRATION DE L'AMÉRIQUE CENTRALE.

Cet état républicain, jadis possession espagnole, comprend la partie étroite du continent américain, bornée par la Mer des Antilles, le golfe de Hondouras, le Mexique, la Mer du sud et la république de Colombie. Ce pays est traversé par les *Cordillères*, dont les volcans causent souvent de grands désastres; aussi les tremblements de terre y sont-ils très-fréquents. Parmi les lacs on remarque le grand lac de *Nicaragua* et celui de *Léon*, au moyen desquels on a le projet de joindre la Mer atlantique au grand Océan. La chaleur du climat est tempérée par les vents de la mer et par les montagnes. Le sol est en grande partie fertile; il fournit des fruits exquis, le meilleur indigo, et nourrit de nombreux troupeaux. La population est de 2 millions d'habitants qui, à l'exception des Indiens libres, professent la religion catholique. Cet état forme une république fédérative dont les principales villes sont :

Guatemala, capitale de la république, située à six lieues du Vieux-Guatemala, détruit par un tremblement de terre en 1777. Cette ville régulièrement bâtie possède une université, des fabriques de coton et de cigarres et fait un commerce actif; 50,000 hab. *Léon*, sur le lac du même nom ; 38,000 hab. *Granada*, sur le lac de Nicaragua; 8,000 hab. *Carthago*, dans la province de Costa-Rica ; 26,000 hab. *Valladolid* ou *Comayagua*, dans la province de Hondouras ; 20,000 hab. *Chiquimula*, a de riches mines d'argent; 37,000 hab.

AMÉRIQUE MÉRIDIONALE.
COLOMBIE.

Cet état, formé depuis 1819 d'une grande partie de la ci-devant Amérique, méridionale espagnole, appelée autrefois Terra-firma, occupe l'extrémité N.-O. de l'Amérique méridionale, et est entouré de la Mer des Antilles, de l'Océan atlantique, de la Guyane anglaise, du Brésil, du Pérou, du Grand océan et de l'Amérique centrale. Les *Cordillères* ou les *Andes*, qui traversent ce vaste pays, forment dans les environs de Quito un grand plateau de plus de 9,000 pieds de hauteur. Elles se divisent en trois branches, dont la principale, celle de l'est, se termine au cap Paria, vis-à-vis de l'île de Trinité; la plus occidentale se perd presque entièrement vers l'isthme de Panama. Les montagnes les plus élevées de cette chaine sont le *Chimborasso* (20,100 p.), regardé long-temps comme la montagne la plus élevée du globe, l'*Antisana* et les volcans *Cotopaxi*, *Cayambé* et *Pichincha*, dont les cimes sont couvertes d'une neige éternelle. Les deux principaux fleuves qui arrosent la Colombie sont l'*Orénoque*, qui a sa source sur un plateau de la Colombie et se jette dans l'Océan atlantique, et le fleuve des *Amazones* ou *Maragnon*, qui naît dans les Andes du Pérou, traverse la Colombie méridionale, passe dans les provinces brésiliennes et se jette dans l'Océan atlantique après un cours de 1,500 lieues. La rivière de la *Madeleine* a sa source à l'embranchement des Andes colombiennes, coule entre la chaîne orientale et celle du milieu et se jette dans la Mer des Antilles. Parmi les lacs de ce pays on remarque celui de *Maracaïbo*, qui communique par un détroit avec le golfe du même nom.

Le climat varie beaucoup; il est très-agréable sur le plateau de Quito, où règne un printemps perpétuel; dans les vallées il est très-chaud; ailleurs la chaleur est tempérée par l'air vif des montagnes et par les vents de la mer. On n'y connaît que deux saisons, la sèche et la pluvieuse. Les orages et les tremblements de terre auxquels ce pays est exposé, y causent souvent de grands ravages. Le sol, en partie montagneux, est très-fertile en productions importantes d'une grande variété, surtout en riz, maïs, patates, cannes à sucre, café, cacao, vanille, coton, tabac, indigo et drogues médicinales, telles que le quinquina, la salsepareille et autres; mais il offre aussi des forêts impénétrables et de grandes plaines appelées *Llanos*, espèces de steppes qui ne se couvrent de verdure que pendant la saison pluvieuse; les mines fournissent de l'or, de l'argent et d'autres métaux. Les côtes sont sablonneuses et marécageuses. La Colombie a une population de 2,800,000 ames. La religion est la catholique. Les habitants se composent d'Indiens, d'Espagnols, de créoles et d'hommes de race mixte. La ci-devant république de Colombie s'est divisée en 1831 en trois nouvelles républiques indépendantes mais fédérées, savoir:

I. VÉNÉZUÉLA, sur l'Océan atlantique et sur la Mer des Antilles: *Cumana*, sur le golfe de Cariaco, à une demi-lieue de la mer ; 12,000 hab. *Angostura*, sur l'Oréno-que ; 8,500 hab. *Nouvelle-Barcelone*, ville et port ; 14,000 hab. *Carraccas*, capitale dans une belle vallée, possède une université ; un terrible tremblement de terre a presque entièrement renversé cette ville en 1812 ; 20,000 hab. *Valencia*, ville commerçante et industrieuse ; 10,000 hab. *Varinas*, cultive un bon tabac ; 12,000 h. *Maracaïbo*, sur le lac du même nom ; 25,000 hab. *Coro* ou *Vénézuéla*, ville bâtie sur pilotis dans de petites îles ; 10,000 hab. *Truxillo*, au milieu des montagnes dans une contrée fertile, 12,000 hab.

II. La Nouvelle-Grenade, sur la Mer des Antilles et sur le Grand océan. *Bogota*, jadis *Santa-Fé-de-Bogota*, capitale de la république et siége du gouvernement ; elle est bien bâtie, située sur une plaine élevée et a une université ; 30,000 hab. *Popayan*, ville bien bâtie dans la vallée de la rivière de Cauca, au pied de deux volcans ; 20,000 hab. *Carthagène*, ville et port, défendue par une citadelle ; 18,000 hab. *Panama*, sur l'isthme et sur un golfe de la Mer du Sud, 25,000 hab., et *Porto-Bello*, sur la Mer des Antilles, villes et ports dans une contrée malsaine.

III. La république de l'Équateur (Ecuador), sur le Grand océan. *Quito*, capitale bâtie sur le penchant du Pin-chincha, à 8,800 pieds au-dessus du niveau de la mer, possède une université et fait un commerce actif ; les maisons n'ont qu'un seul étage à cause des fréquents tremblements de terre ; 70,000 hab. *Riobamba*, au pied du Chimborasso ; 20,000 hab. *Guayaquil*, ville commerçante et port à l'embouchure de la rivière du même nom dans une baie de la Mer du Sud ; 20,000 hab. *Cuença*, exporte du quinquina et de la cochenille ; 16,000 hab. Les *Gallopugos* ou *Iles aux tortues*, à l'O. de Quito, sont inhabitées et abondent en tortues.

PÉROU.

Le Pérou, dont le nom seul rappelle l'idée de l'or, est situé au sud de la Colombie, le long de l'Océan pacifique. Il formait avant la conquête faite par les Espagnols sous *François Pizarre*, en 1533, un empire puissant, gouverné par des princes nommés *Incas*. Ce pays est traversé du N. au S. par les Andes qui y forment deux chaînes à-peu-près parallèles, entre lesquelles il y a des vallées fertiles, où le climat est agréable et tempéré. La côte qui est basse n'offre que des déserts sablonneux et marécageux; la partie qui s'étend entre la chaîne orientale des Andes et le Brésil ne consiste qu'en vastes plaines. Le principal fleuve du Pérou est le *Maragnon* qui y prend sa source, et le plus grand lac celui de *Titicaca*. Les productions sont presque les mêmes que celles de la Colombie. Parmi ses animaux on distingue trois variétés de l'espèce du chameau: le lama employé comme bête de somme dans les Andes, la vigogne qui fournit une laine très-fine et le guanaco. Mais la principale richesse de ce pays consiste dans ses mines d'or et d'argent, les plus riches que l'on connaisse. On évalue le nombre de ses habitants à 1,700,000, de la religion catholique. Le Pérou se déclara indépendant en 1821 et forme depuis cette époque une république, dont les principales villes sont: *Lima*, capitale du Pérou et siége du congrès, sur la rivière de Rimac, à deux lieues de la Mer pacifique, sur laquelle se trouve son port nommé *Callao*. Cette ville belle et riche, fondée par *Pizarre*, possède une université, beaucoup de couvents et d'églises qui brillent d'or, d'argent et de diamants, a des ateliers d'argenterie et fait un grand commerce. Elle est fort sujette aux tremblements de terre; celui de 1746 la détruisit presque entièrement; 73,000 hab. *Cusco*, ville très-ancienne et industrieuse, jadis la résidence des Incas;

un couvent occupe l'emplacement du fameux temple du
soleil dans lequel brillait la figure de cet astre en or;
26,000 hab. *Guamanga* fabrique des étoffes de coton;
26,000 hab. *Aréquipa*, dans une vallée agréable et très-
élevée du versant occidental des Andes; 25,000 hab.

BOLIVIA.

La Bolivia ou le Haut-Pérou, au S.-E. du Pérou, contient les plus hautes cimes des Andes, le *Sorata* (23,600 p.)
et l'*Illimani* (22,400 p.), séparées par le lac *Titicaca* de la
chaîne principale des Cordillères. La *Madeira* et plusieurs
autres affluents du Maragnon naissent dans ce pays. Les
productions sont celles du Pérou. Cet état ne forme une
république indépendante que depuis 1825; le nombre
de ses habitants est d'un million environ. Les principales
villes sont: *Chuquisaca* (Charcas), siége du congrès, université; 26,000 hab. *Potosi*, célèbre par ses riches mines
d'argent; 18,000 hab. *La Paz*, non loin du lac Titicaca
et au pied du Nevado d'Illimani; 20,000 hab. *Cocha-
bamba*, dans une contrée fertile; 30,000 hab.

PARAGUAY.

Ce pays est situé entre les états de la Plata et le Brésil; il est entouré de trois côtés par le *Parana* et son
principal affluent le *Paraguay*. Il produit du coton, des
cannes à sucre, l'herbe ou thé du Paraguay, qui est la
feuille d'un arbre auquel on attribue des vertus médicinales. De nombreux troupeaux de bestiaux et de chevaux sauvages paissent dans les plaines du Paraguay. Ce
pays autrefois espagnol a une population de 500,000 ames;
il est gouverné par un dictateur (le docteur *Francia*).
L'*Assomption* (Assuncion) sur le Paraguay en est la capitale; 8,000 hab.

8*

CONFÉDÉRATION DU RIO DE LA PLATA.

Ces états sont situés à l'O. du Chili entre la Bolivia, le Paraguay, l'Uruguay et la Patagonie et baignés par l'Océan atlantique. La partie occidentale et septentrionale traversée par des branches des *Cordillères*, est montagneuse ; la partie orientale contient des plaines étendues, appelées *Pampas*, qui ressemblent aux Llanos de la Colombie, et offrent de vastes pâturages aux bestiaux dont elles sont peuplées ; il y a cependant aussi des contrées arides et sablonneuses. Le principal fleuve est le *Parana* qui vient du Brésil, se joint au *Paraguay*, prend alors le nom de *Rio de la Plata*, reçoit l'*Uruguay* et se jette par une vaste embouchure dans l'Océan atlantique. Le climat est tempéré, surtout dans les régions élevées, et le sol pour la plupart fertile ; il produit au nord des cannes à sucre, du coton, du manioc, des cactiers énormes dont les bestiaux et les nombreux chevaux sauvages se nourrissent pendant la saison sèche, le thé du Paraguay ; au sud du blé, du tabac et du chanvre ; les mines renferment des métaux nobles et du fer. On évalue le nombre des habitants à environ 600,000, parmi lesquels on remarque les *Gaüchos*, qui habitent les pampas et ne vivent que du produit de la chasse aux bœufs et aux chevaux ; aussi le commerce des peaux, du suif et de la viande salée est-il très important pour ce pays. Depuis 1816 ces provinces se sont déclarées indépendantes et forment un état fédératif. Ses principales villes sont : *Buenos-Ayres* (bon air) sur la rive droite de la Plata, capitale de la république et siége du congrès ; elle a une université et fait un grand commerce ; 60,000 h. *Salta*, fait le commerce de bestiaux ; 9,000 hab. *Mendoza*, au pied des Andes, a des carrières de diamants ; 4,400 hab.

URUGUAY.

Ce petit état, connu sous le nom de *Banda oriental*, au N. de l'embouchure du Rio de la Plata, ne s'est constitué en république qu'en 1828. Le sol, les productions et les habitants, au nombre de 100,000, ressemblent à ceux des états de la Plata. La capitale *Montevideo*, à l'embouchure du Rio de la Plata, est fortifiée, a un port et fait un commerce important; 16,000 hab.

CHILI.

Ce pays forme une lisière étroite le long de l'Océan pacifique, depuis le Pérou jusqu'au détroit Magellanique. Les hautes Cordillères du Chili qui font la limite du côté de l'E., renferment 16 volcans; les ravages qu'ils causent, tant par leurs éruptions, que par les tremblements de terre qui accompagnent celles-ci, sont terribles. Les rivières qui arrosent ce pays ont un cours peu étendu. Le climat est doux et agréable; le sol très-fertile et propre à toutes les cultures européennes, produit toutes sortes de grains, de fruits et de légumes, une grande variété de pommes de terre, du chanvre, du lin, des vignes, des oliviers, des plantes médicinales et de belles espèces de bois. Parmi les animaux domestiques de l'Europe on élève beaucoup de chevaux et quantité de bêtes à cornes et de chèvres qui paissent en liberté. Les mines abondent en or, argent, cuivre et autres métaux. Les habitants, au nombre de 750,000, se composent de créoles espagnols, de nègres, d'indiens et de métis. Le Chili, autrefois sous la domination espagnole, se déclara indépendant en 1818, et se constitua en république. Ses principales villes sont: *Santiago*, capitale du Chili, sur la rivière de Mapocho, possède une université et fait le commerce; 40,000 hab. *Valparayso*, ville fortifiée et port commerçant; 15,000 hab. La *Con-*

ception, ville forte; 10,000 hab. *Coquimbo*, port commerçant; 12,000 hab. Le Chili méridional est en partie habité par les Indiens *Araucans*. Les deux iles de *Juan-Fernandez*, connues par les aventures du marin écossais *Selkirk*, qui a fourni le sujet de *Robinson Crusoé*, à l'O. et l'ile de *Chiloé*, au sud du Chili.

BRÉSIL.

Ce vaste pays occupe la plus grande partie de la moitié orientale de l'Amérique du Sud. Il est situé entre la Guyane, la Colombie, le Pérou, la Bolivia, le Paraguay, la Plata, l'Uruguay et la Mer atlantique. L'intérieur du Brésil est traversé par différentes chaines de montagnes peu élevées; les monts de *Mantiqueira*, non loin de la côte, sont les seuls qui s'élèvent à 7,000 p., mais la plus grande partie du pays se compose de plaines immenses, couvertes de vastes forêts, et qui, revêtues toute l'année d'une verdure brillante, offrent une nourriture abondante aux nombreux troupeaux. Le Brésil est arrosé par beaucoup de fleuves dont la plus grande partie appartient au vaste bassin du *Maragnon* ou fleuve des Amazones. Ce dernier traverse le Brésil dans toute sa largeur; ses principaux affluents sont la *Madeira* et le *Rio-Negro*; l'*Araguaya* se réunit au *Tocantin*, qui prend alors le nom de *Para* et se jette dans l'Océan atlantique près de l'embouchure du Maragnon. Le *San-Francesco* se décharge également dans la Mer atlantique. Le *Parana* et le *Paraguay* se dirigent vers les états de la Plata. Tous ces fleuves ont un grand nombre d'affluents, et la plupart d'entre eux causent des inondations près de leurs embouchures, où les rivages sont plats.

Le climat est en général sain; la chaleur est modérée par les vents de la mer; il est plus agréable au sud qu'au nord, où les terrains bas, marécageux et couverts

de forêts le rendent humide et malsain, surtout le long
de la mer. Le sol est presque partout d'une étonnante
fécondité. Des plantations de riz, de sucre, de café, de
cacao, de manioc, de tabac et de coton couvrent les
campagnes cultivées. Ce pays produit tous les fruits tropiques, des plantes médicinales, entre autres le quinquina, l'ipécacuanha, le jalap et la salsepareille, plusieurs sortes de poivre et de piment, des arbres à baume
et à encens, du bois de Brésil ou de Fernambouc, appelé aussi bois rouge, qui sert pour la teinture, de l'a-
cajou qui est employé dans la menuiserie et du bois de
construction en grande quantité. Les forêts et les campagnes sont peuplées de singes d'une grande variété, de
tapirs et d'armadilles, d'oiseaux d'une rare beauté, tels
que les perroquets, les toucans et les colibris; mais elles
sont aussi infestées par des kouguars ou lions américains
et d'autres animaux sauvages et par des serpents énormes. Les tortues abondent le long du Maragnon. Les
montagnes renferment de riches mines d'or et de pierres
précieuses, surtout de diamants.

On évalue l'étendue du Brésil à 113,000 lieues carrées
et sa population à 4,200,000 habitants, composés de Portugais et d'autres Européens, de nègres, de métis et d'indigènes, tels que les *Botocudes*, les *Capuchas* et autres qui
sont encore entièrement sauvages. La religion du pays est
la catholique. Le Brésil, jadis possession portugaise, s'est
déclaré indépendant à la suite d'une révolution qui
éclata en 1822, et s'est érigé en empire. Il est divisé en
19 provinces dont les principales villes sont: *Para* (Belem), à l'embouchure du Para, fait un commerce actif; 24,000 hab. *San-Luis-de-Maranhao*, ville et port
dans l'île de Maranhao; 15,000 hab. *Fernambouc* (Per-
nambuco et Olinde), ville très-commerçante et port d'où
l'on exporte beaucoup de bois de teinture et de coton;
62,000 hab. *Bahia* (San-Salvador), sur la baie de Tous

les Saints, ancienne capitale du Brésil et bon port; elle est très-importante par son commerce; 180,000 hab. *Rio-Janeiro*, capitale de tout le Brésil et résidence de l'empereur, sur le rivière du même nom. Elle est le centre du commerce brésilien, a une belle cathédrale, et un port défendu par plusieurs forts; 210,000 hab. *San-Paolo*, au pied des monts de Mantiqueira; 30,000 hab. *Villa-Rica* (Cidade-Imperiale), dans la province de Minas-Geraës, qui renferme les plus riches mines d'or et de diamants; 10,000 hab.

GUYANE.

La Guyane, située entre le Brésil, la Colombie et l'Océan atlantique, a un climat chaud, un sol fertile, couvert de vastes forêts, mais il n'est cultivé que le long des fleuves et des côtes. Il produit du riz, du maïs, du sucre, du café, du cacao, des épiceries, du coton, du tabac, de l'indigo, du roucou, arbre portant des graines rouges dont on fait une pâte qui donne une belle couleur, et le précieux quassia ou bois amer. L'intérieur de ce pays offre des déserts remplis d'animaux féroces et de serpents à sonnette. La population est de 250,000 habitants, dont à peine 20,000 européens. Parmi les indigènes on remarque les *Caraïbes*, aujourd'hui peu nombreux.

I. Guyane française, la partie la plus orientale; entre les rivières d'Oyapok et de Maroni. Elle a un climat malsain, à cause des eaux stagnantes. On y cultive depuis quelque tems le giroflier. *Cayenne*, petite ville fortifiée et port dans l'île du même nom.

II. Guyane hollandaise, entre le Maroni et le Corentin, arrosée par le Surinam; c'est une des plus riches colonies européennes. *Paramaribo*, sur le Surinam, belle ville, florissante par son commerce; 20,000 hab.

III. Guyane anglaise, à l'O. du Corentin, arrosée par

l'Essequébo. *Stabroek*, sur le Démérary, 9,000 hab. *Ber-bice*, colonie sur la rivière du même nom.

PATAGONIE.

La Patagonie est appelée aussi *Terre Magellanique*, du nom du célèbre navigateur *Magellan* ou plutôt *Magal-haens*, qui en fit la découverte en 1519. Elle occupe l'extrémité de l'Amérique méridionale, depuis le Chili et les États-unis du Rio de la Plata jusqu'au détroit de Magellan. C'est un pays froid et stérile, sablonneux sur les côtes, et marécageux dans l'intérieur. Les indigènes que nous nommons *Patagons*, s'appellent eux-mêmes *Tehuels*; ils sont d'une haute taille et d'une constitution robuste et vivent principalement du produit de la chasse aux guanacos et aux bœufs sauvages. Les *Araucans* habitent les frontières du Chili.

ILES AU SUD DE L'AMÉRIQUE.

La *Terre de Feu*, séparée de la Patagonie par le détroit de *Magellan*, se compose d'une grande et de plusieurs petites îles froides et steriles. Les habitants appelés *Pécherais*, mènent une vie misérable dans ce pays triste et désert.

L'*Ile des États* est séparée de la Terre de Feu par le détroit *Le Maire*. Sur l'île *Hermite*, au S. de la Terre de Feu, est le cap *Horn*, la pointe la plus méridionale de l'Amérique, que les navigateurs doublent pour passer de l'Océan atlantique dans la Mer du sud.

Les *Iles Malouines* ou *Falkland*, à l'E. de la Patagonie, sont inhabitées.

Le *Nouveau Shetland méridional*, découvert en 1819 par les Anglais est un archipel composé d'un grand nombre d'iles, situées au S. du cap Horn. On n'y voit d'autre végétation que quelques espèces d'herbe; la côte est peuplée de phoques, d'éléphants marins et d'oiseaux aquatiques ; l'intérieur est hérissé de montagnes couvertes de neiges. Une vaste côte inconnue au S. de ces îles a reçu le nom de *Trinité*.

INDES OCCIDENTALES.

On comprend sous ce nom toutes les îles situées à l'entrée du golfe du Mexique, entre les deux continents de l'Amérique. Elles ont un climat très-chaud, par fois humide et malsain, surtout dangereux pour les Européens, mais très-favorable aux plantes. Elles fournissent non seulement du café, du sucre, du coton, de l'indigo en grande quantité, mais aussi du cacao, du tabac, du roucou, différentes espèces de bois rares et précieux, et plusieurs autres productions. Ces îles, exposées à des ouragans terribles et à la fièvre jaune, ont une population de 3 millions d'ames ; elles sont habitées par des Européens, des créoles, des mulâtres et des nègres ; ces derniers, achetés sur la côte occidentale de l'Afrique, sont employés à cultiver les différentes plantations. Il est cependant permis d'espérer que la traite légalement abolie depuis quelque temps, cessera peu-à-peu, et que les nègres seront remplacés par des travailleurs libres. On divise ces îles en trois groupes, les *Grandes-Antilles*, les *Petites-Antilles* et les *îles Lucayes*; on y peut ajouter les *Bermudes*.

I. Les GRANDES-ANTILLES, au nombre de quatre, sont :

1. CUBA, la plus grande de toutes ; elle appartient aux Espagnols, et a près d'un million d'habitants. La *Havanne*, capitale forte et très-commerçante, avec le tombeau de Colomb, fabrique beaucoup de cigarres et a un port sûr et commode ; 125,000 hab. *Villa del Principe*, ville considérable dans l'intérieur de l'île ; 20,000 h. *Santiago de Cuba*, ville commerçante, archevéché ; 12,000 h. L'île de *Pinos*, au sud de la partie occidentale de Cuba.

2. LA JAMAÏQUE, île très-florissante par l'industrie des Anglais auxquels elle appartient. *Spanishtown*, capitale; 5,000 hab. *Kingston*, port très-commerçant; 33,000 h.

3. HAÏTI (SAINT-DOMINGUE), l'île la plus riche et la plus importante des Antilles par sa fertilité et par sa population, fut découverte par *Christophe Colomb*, qui l'appela *Hispaniola*. Elle était autrefois partagée entre la France et l'Espagne, et forme maintenant une république, composée de nègres et de mulâtres. *Port-au-Prince*, capitale de la république et siége du gouvernement; elle a un excellent port et fait un commerce important; 20,000 h. *Cap-Haïti*, autrefois *Cap-Français*, ville commerçante et port; 8,000 hab. *San-Domingo*, ville forte et port, fondée par le frère de Christophe Colomb; elle était jadis la capitale de la partie espagnole et a donné son nom à toute l'île; 24,000 hab. L'île de la *Tortue*, au nord d'Haïti.

4. PORTO-RICO, île montagneuse mais fertile qui appartient aux Espagnols. *Saint-Jean de Porto-Rico*, ville forte et port; 12,000 hab.

II. LES PETITES-ANTILLES ou *Iles Caraïbes*, qu'on divise en *îles du vent* et en *îles sous le vent*. Elles sont en grand nombre, pour la plupart fertiles, et appartiennent à plusieurs nations européennes. Les principales de ces îles sont:

Barboude, *Antigoa*, la *Dominique*, *Sainte-Lucie*, *Saint-Vincent*, la *Barbade*, la *Grenade*, *Tabago* et la *Trinité*, aux Anglais; la *Guadeloupe* (Grande-terre et Basse-terre) et la *Martinique*, aux Français; *Sainte-Croix* et *Saint-Thomas*, aux Danois; *Saint-Barthélemy*, aux Suédois; *Sainte-Eustache* et *Curaçao*, aux Hollandais; et la *Marguerite*, à la république de Vénézuéla.

III. LES ÎLES LUCAYES ou *Bahama*, s'étendent le long de la côte de la Floride et de Cuba; elles appartiennent aux Anglais. Ces îles sont en grand nombre, mais il n'y

en a que peu qui soient habitées ; la plupart ne sont que
des pointes de rochers. On y cultive surtout du coton.
Guanahani ou *San-Salvador*, île remarquable comme première découverte de *Colomb* en 1492.

IV. Les ILES BERMUDES ou de *Sommers*, situées
dans l'Océan atlantique, à l'E. des États-unis. Elles sont
nombreuses, mais pour la plupart petites et stériles, et
appartiennent également aux Anglais.

OCÉANIE.

La cinquième partie du monde consiste en un continent et en un grand nombre d'îles dispersées dans l'O-
céan pacifique ou réunies en groupes. La plupart de ces
îles n'ont que très-peu d'étendue ; beaucoup d'entre elles
doivent leur existence à l'action continue des lithophytes ;
ces mollusques bâtissent au fond de la mer des rochers
de corail qui peu-à-peu s'élèvent jusqu'à la surface de
l'eau et se couvent après des siècles de terre, de plantes
et d'habitants. L'étendue de l'Océanie est d'environ
200,000 lieues carrées. Les montagnes du continent ou
de la Nouvelle-Hollande ne sont pas encore explorées ;
le *Pic-Egmont* dans la Nouvelle-Zéelande a 14,700 p. de
haut, le *Maouna-Roa*, dans les îles Sandwich 13,500 p.
Les seuls fleuves et rivières considérables se trouvent dans
le continent, voyez p. 184. Quoique presque toute l'O-
céanie soit située dans la zône torride, le climat y est
pourtant agréable et la chaleur tempérée par les vents
de la mer. Le sol est fertile à l'exception de quelques
contrées de l'intérieur du continent.

Les habitants, au nombre de 20 millions environ, sont
de la race malaise et de celle des Nègres. Ces derniers
sont de véritables sauvages, en partie sans gouvernement,

sans religion et même sans vêtements. Les Malais se livrent à l'agriculture, obéissent à certaines formes de lois et adorent pour la plupart des fétiches ; beaucoup d'entre eux ont embrassé le christianisme. Les sacrifices humains sont encore usités dans quelques iles ; on y mange même la chair des ennemis tués. L'art d'écrire était inconnu avant l'arrivée dès Européens. Le tatouage, ou l'usage de se couvrir la peau de figures ponctuées, est commun à la plupart de ces insulaires. Beaucoup d'entre eux montrent une industrie admirable dans la fabrication de leurs vêtements, des ustensiles pour la pêche et des armes.

La partie méridionale et orientale de l'Océanie était presque inconnue il y a quatre-vingts ans. Ce n'est que depuis les voyages de l'infatigable Cook que nous avons des notions précises sur ces pays. Après lui ils ont été visités par de nombreux navigateurs ; nous nous contenterons de citer Lapeyrouse, Krusenstern, Kotzebue, Dumont d'Urville et Laplace. L'Océanie peut se diviser en trois grandes parties : l'*Australasie* ou l'Archipel indien à l'ouest, l'*Australie* au sud et la *Polynésie* à l'est.

AUSTRALASIE.

Les iles de l'Australasie ou de l'Archipel indien sont situées dans la zône torride et riches en épiceries, pierres précieuses et métaux. Les habitants sont en majeure partie de la race malaise ; les Espagnols et les Portugais visitent ces pays depuis 300 ans et y ont fondé des colonies ; les Hollandais ne leur ont succédé que plus tard. Des chefs indigènes gouvernent cependant encore la plus grande partie du territoire. L'Australasie, la partie de longtems la plus peuplée de l'Océanie, a environ 18 millions d'habitants. On divise les iles de cet archipel en plusieurs groupes.

I. **Les ILES DE LA SONDE**, au nombre de quatre grandes et de plusieurs petites, nommées ainsi du détroit de la *Sonde* entre Java et Sumatra. Elles produisent du riz, des cannes à sucre, du café, du coton, de l'indigo, des gommes, du poivre et d'autres épices; on y trouve le camphrier, différentes espèces de palmiers, le bambou, l'arbre à poison ou pahon-upas, des éléphants, des rhinocéros, des troupeaux de singes, parmi lesquels on distingue l'orang-outang, des buffles, des casoars, des salanganes, de l'or et des diamants.

1. **Sumatra**, grande ile, séparée par le détroit de Malacca de la presqu'ile orientale de l'Inde, et traversée par une haute chaine de montagnes dont le mont *Ophyr* (13,000 p.) est le pic le plus élevé. Elle renferme plusieurs volcans. *Achcen*, capitale du royaume de ce nom et résidence du sultan; elle a 8,000 maisons, bàties sur pilotis. *Palembang*, capitale du royaume du même nom soumis aux Hollandais; 25,000 hab. *Bencoulen*, avec le fort *Marlborough*, et *Padang*, appartiennent aux Hollandais.

2. **Java**, séparée de Sumatra par le détroit de la *Sonde*, est la plus distinguée par son commerce et par ses riches productions. *Batavia*, capitale de toutes les possessions des Hollandais dans l'Inde, fondée en 1619. Elle est forte, très-commerçante, bien bâtie, entrecoupée de canaux, mais malsaine; elle a un bon port; 60,000 hab. *Sourabaya*, la ville la plus florissante des possessions hollandaises; 80,000 hab. *Souracarta*, ville très-grande et résidence d'un sultan; 100,000 hab. *Samarang*, ville maritime; 30,000 hab. Le *Guépo-upas*, vallée déserte, dont l'air empoisonné tue ceux qui le respirent.

3. **Bornéo**, la plus grande des iles de la Mer des Indes, et patrie de l'orang-outang. *Banjarmassing* en est la principale ville et appartient aux Hollandais. Cette ile n'est que peu peuplée et très-imparfaitement connue.

4. CÉLÈBES, à l'E. de Bornéo, dont elle est séparée par le détroit de Macassar. Le royaume de *Macassar*, autrefois très-puissant, est aujourd'hui en partie au pouvoir des Hollandais.

5. Les plus remarquables des PETITES ILES DE LA SONDE sont: *Madura* près de Java; *Florès* et *Sumbava* avec des volcans, ont des établissements hollandais; *Timor*, avec une colonie portugaise; *Banca*, dans le voisinage de Sumatra, a de riches mines d'étain et appartient aux Hollandais.

II. LES MOLUQUES ou *Iles aux épices* à l'E. de Célèbes ont des volcans et fournissent du sagou, moëlle d'une espèce de palmier, et les meilleurs épices, dont il se fait une grande consommation en Europe. Les principales iles sont: *Ternate*, aux Hollandais; *Gilolo* et *Céram*. *Amboine*, avec la capitale du même nom, produit surtout des clous de girofle; elle appartient aux Hollandais, ainsi que le groupe de *Banda*, qui fournit les noix muscades.

III. LES ILES SOULOU au N.-E. de Bornéo, sont gouvernées par un sultan qui réside à *Bevan* dans l'île de *Soulou*. La grande île de *Palavan* au N.-O. des Soulou.

IV. LES PHILIPPINES, au N. des Moluques, découvertes en 1521 par le célèbre navigateur *Magellan*. Elles forment un grand groupe d'iles très-fertiles en coton, riz, sagou, sucre, café, épiceries et bois d'ébène. Les éruptions volcaniques dévastent souvent ces iles. *Luçon*, la plus grande et la plus septentrionale, appartient aux Espagnols. Elle a une population de 1,500,000 ames. *Manille*, capitale de tout l'archipel, a une université et fait un grand commerce; 140,000 hab. *Mindanao*, la seconde des Philippines en grandeur et en importance et la plus méridionale; *Mindanao*, capitale et résidence du sultan, a un bon port fortifié. Les autres Philippines ne sont que peu connues.

AUSTRALIE.

L'Australie, la partie méridionale de l'Océanie, est composée de la Nouvelle-Hollande ou du continent austral, et des îles pour la plupart très-considérables qui l'avoisinent. La surface de l'Australie est beaucoup plus grande que celle de l'Australasie, mais sa population ne peut pas même être évaluée à 2 millions. Les Anglais seuls y ont des colonies.

I. LA NOUVELLE-HOLLANDE, ou le *Continent austral*, a une surface de 140,000 lieues carrées. Elle est entourée de la Mer des Indes, du golfe Carpentarie et du Grand océan. Le détroit de *Torrès* dont la partie méridionale est appelée détroit d'*Endeavour*, la sépare de la Nouvelle-Guinée, et celui de *Bass* de l'île Van-Diemen. L'intérieur de la Nouvelle-Hollande est presque inconnu; il présente beaucoup de montagnes, dont on ne connaît que celles appelées les *Monts-bleus* (environ 7,000 p.). Parmi les grands fleuves qui ont été découverts jusqu'àprésent par les recherches des Anglais, on remarque le *Macquari*, qui paraît se perdre dans les marais de l'intérieur, le *Murray* qui reçoit le *Darling* et se jette dans l'Océan près du cap Jervis, le *Lachlan* et le *Castlereagh*. Dans la partie du nord le climat est très-chaud; il est tempéré dans le sud, mais en général salubre. Les saisons y sont opposées à celles de l'Europe. Le sol pour la plupart fertile offre cependant des contrées sablonneuses et marécageuses. Le règne végétal, quoique très-varié, ne produit que peu de substances alimentaires; on y cultive avec succès plusieurs plantes européennes, telles que blé, pommes-de-terre, fruits du sud et vin. Parmi les animaux, qui diffèrent beaucoup de ceux des autres parties du monde, on distingue le kangurou, le dingo ou le chien de la Nouvelle-Hollande, le casoar de la Nouvelle-Hollande, le cygne noir et le pigeon à ailes dorées. Les côtes sont peuplées de tortues et de phoques de différentes espèces. Les chevaux, les bestiaux et les moutons prospèrent dans les colonies. Le fer paraît se trouver en abondance. Les indigènes de la race des nègres sont peu nombreux et de véritables sauvages. Ils vont nus ou sont légèrement couverts de peaux d'animaux, mangent presque tout cru, habitent dans des huttes, ou couchent en plein air et mènent une vie misérable.

On ne connaît guère que les côtes de la Nouvelle-Hollande, surtout la côte orientale, occupée par les Anglais sous le nom de *Nouvelle-Galles du Sud*. Ils y ont fondé à *Botany-bay* en 1787 une colonie qui d'abord n'était destinée qu'à recevoir des criminels condamnés à la déportation. Le régime sévère auquel ces derniers sont soumis en corrige un grand nombre, qui rentrent dans la société comme colons laborieux. La partie de cette côte où se trouve la colonie anglaise, est appelée le comté de *Cumberland*, dont la population monte à 50,000 ames. *Sidney*, sur la baie du Port-Jakson, capitale des tous les établissements anglais dans ce pays, a un excellent port et fait un grand commerce alimenté par les nombreuses fabriques des environs; 20,000 hab. Depuis quelques années les Anglais ont fondé la colonie de *Western-port* dans la terre de *Grant* sur la côte méridionale, et quelques autres sur le golfe Carpentarie au N., et dans la terre de *Leuwin*, à l'O.

II. L'ÎLE VAN-DIEMEN, au S. de la Nouvelle-Hollande, dont elle est séparée par le détroit de *Bass*, fournit du bois de construction. Les produits européens y réussissent fort bien. Les Anglais y ont également des établissements. *Hobartstown*, ville bien bâtie : 7,000 h.

III. LA NOUVELLE-ZÉELANDE ou la *Tasmanie*, au S.-E. de la Nouvelle-Hollande, est composée de deux grandes îles, séparées par le détroit de *Cook*. Celle du nord s'appelle *Eaheinomauve* (Icanamavi); elle renferme le Pic-Egmont; celle du sud, *Tawaï-Pœnamou*, est la plus grande. Elles sont traversées par de hautes chaines de montagnes et produisent beaucoup de bois de construction; le phormium fournit un fil qui surpasse en force celui du lin et du chanvre. Les indigènes, d'une belle race, sont guerriers et entièrement sauvages. Les Anglais y ont établi une mission pour répandre le christianisme et la civilisation. Un peu au sud de ces îles est le point antipode de Paris.

IV. LA NOUVELLE-GUINÉE ou la *Terre des Papous*, au N. de la Nouvelle-Hollande. Elle est plus grande que la France, a un climat très-chaud et produit des palmiers et l'arbre à pain; les côtes sont habitées par les Papous, nation guerrière et sauvage, d'un aspect effrayant et hideux; les habitants de l'intérieur sont plus humains.

V. LES ÎLES DE L'AMIRAUTÉ, au N.-E. de la Nouvelle-Guinée, sont fertiles et entourées de récifs de coraux.

VI. L'ARCHIPEL DE LA NOUVELLE-BRETAGNE, au S.-E. des précédentes, comprend les trois principales îles, la *Nouvelle-Bretagne*, la *Nouvelle-Irlande* et le *Nouvel-Hanovre*, avec plusieurs petites. Il y vient le muscadier. Les habitants sont guerriers et vont nus.

VII. L'ARCHIPEL DE LOUISIADE, au S.-E. de la Nouvelle-Guinée, est entouré d'écueils et de récifs.

VIII. LA NOUVELLE-GÉORGIE ou les *îles Salomon*, au S.-E. de la Nouvelle-Bretagne, forment un groupe considérable.

IX. L'ARCHIPEL DE SANTA-CRUZ, ou les *Iles de la Reine Charlotte*, à l'E. des précédentes. Elles sont fertiles en productions australiennes. C'est près de *Vanikoro* (ou La Recherche), l'une de ces îles, que Lapeyrouse fit naufrage.

X. LES NOUVELLES-HÉBRIDES, au S. des précédentes, ont des vallées fertiles, où sont dispersées les plantations des habitants. L'île du *St.-Esprit* et celle de *Mal-licollo* en sont les principales.

XI. LA NOUVELLE-CALÉDONIE, à l'E. de la Nou-velle-Hollande, est une assez grande île, bordée d'effroya-bles récifs et couverte de montagnes nues.

POLYNÉSIE.

On comprend sous ce nom les nombreux groupes d'îles peu étendues, disséminées dans le Grand océan au N. et à l'E. de l'Australie. Elles produisent presque toutes le cocotier et l'arbre à pain. Les principaux de ces grou-pes sont les suivants :

I. Les îles PÉLEW (Péliou), au N. de la Nouvelle-Guinée, habitées par un peuple doux et intelligent.

II. Les îles MARIANNES ou *des Larrons*, appelées aussi *l'Archipel de Lazare*, au N.-O. des îles Pélew, appar-tiennent aux Espagnols. Les habitants sont tous chré-tiens.

III. Les îles CAROLINES ou *Nouvelles-Philippines* au S. des Mariannes, sont habitées par un peuple doux et assez civilisé. Les Espagnols s'en arrogent la souveraineté.

IV. Les îles MULGRAVES, au S.-E. des Carolines, sont en grand nombre, mais fort petites et très-basses.

V. Les îles RADACK, petites îles corallines, habitées par un peuple très-doux.

VI. Les îles SANDWICH (Hawaii), au nombre de 13, découvertes par *Cook*, sont très-fertiles. Les habitants, d'un caractère doux et bienveillant, surpassent en civilisation toutes les nations polynésiennes ; aussi le christianisme fait-il de grands progrès parmi eux. Ces insulaires s'oc-cupent de l'agriculture, fabriquent des étoffes, font le commerce et connaissent les arts de l'Europe. *Owyhée* (Hawaii, Oahi) en est la plus grande. Le capitaine *Cook* y fut tué à son troisième voyage autour du monde, par les naturels du pays, en 1779. On remarque dans cette île le mont Maouna-Roa, avec un volcan dont le cratère a trois lieues de circonférence. Le roi des îles Sandwich réside à *Hannarura* (Honolulu) dans la charmante île d'*Ovahu* (Woahoo).

VII. LES ÎLES FIDGI ou *Viti*, à l'E. des Nouvelles-Hébrides, sont entourées de dangereux récifs de corail. Elles fournissent du bois de sandal. Les habitants sont très-cruels dans la guerre.

VIII. LES ÎLES TONGA ou *des Amis*, à l'E. des précédentes, forment un grand groupe d'îles. Elles sont pour la plupart très-fertiles et bien cultivées. Les habitants, d'un caractère doux et amical, se distinguent par leur industrie et par une forme régulière de gouvernement. *Tongatabou* en est la principale et la résidence du roi le plus puissant de ces îles.

IX. LES ÎLES HAMOA ou *des Navigateurs*, au N.-E. des précédentes, sont très-fertiles. Les habitants guerriers et d'un caractère féroce, possèdent beaucoup d'adresse dans la fabrication de leurs ustensiles.

X. LES ÎLES DE LA SOCIÉTÉ, au S.-E. de celles des navigateurs, entourées de récifs, ont un sol très-fertile et bien cultivé. Les habitants, doux et hospitaliers. comptent parmi les plus civilisés de la Polynésie. Ils fabriquent avec beaucoup d'adresse des étoffes de l'écorce du mûrier à papier. La religion chrétienne, introduite par des missionnaires anglais, est professée presque généralement dans toutes ces îles. *O-tahiti* (Taïti) en est la principale et la plus connue ; elle fut visitée pour le première fois par le capitaine Wallis en 1767, puis par Bougainville et trois fois par Cook, dans ses voyages autour du monde.

XI. LES ÎLES BASSES ou l'*Archipel dangereux*, non loin des précédentes, forment une groupe d'îles basses, entourées de récifs de corail. Au S.-E. de ces îles est celle de *Pitcairn*, peuplée par les descendants de quelques déserteurs anglais.

XII. Les îles MARQUISES et WASHINGTON au N. des précédentes. On n'a poussé nulle part l'art de tatouer à un aussi haut degré de perfection que dans ces dernières, dont *Noukahiva* est la principale. Les habitants sont guerriers et anthropophages.

XIII. L'île de PAQUES, beaucoup à l'E. des Iles basses, est tout-à-fait isolée, et se rapproche de l'Amérique. L'eau douce y manque.

Une quantité de petites îles du Grand océan n'ont pas encore été visitées par les navigateurs.

TABLEAU DES MATIÈRES.

www.ingramcontent.com/pod-product-compliance
Lightning Source LLC
LaVergne TN
LVHW051019200726
843508LV00001B/246